全路線紹介

千葉の鉄道

ぶらり途中下車

〜千葉の魅力再発見の日帰り旅〜

山下ルミコ 著

◎外房線安房鴨川付近を走る特急「わかしお」。

◎第一養老川橋梁を渡る小湊鐵道のトロッコ列車。

1章 JR線

総武本線①

1章 JR線

総武本線②

1章 JR線

2章 私鉄

文化プラザ

沿線に秘められた歴史と文化。
観光資源が豊富な千葉を知ろう！

西国からの移住者によって、戦国時代から数々の漁業が伝来

海鳴りが響く長い海岸線と、広大な内陸平野を抱える千葉県は、北の県境には利根川や江戸川があり、半島の周囲がすべて水に囲まれた地形だ。

県土の大半は平野と丘陵が占め、海抜500メートル以上の山地がない、日本で唯一の都道府県でもある。

古代から自然環境に恵まれた土地であることから、縄文時代の貝塚遺跡の多いことでは日本一と言われる。内湾沿いや北総を中心に、県内には日本最大の規模を持つ加曽利貝塚など、700ヵ所以上の貝塚分布が認められている。藩政時代には、半島の南が旧安房国、中心が上総国、北部が下総国と三国に区分されており、現在でもそれが地名に残されている。

外洋に向いた房総の海辺には、西国からの移住者によって、戦国時代から数々の漁業が伝来されている。江戸時代初期に紀伊の漁師によって漁業基地が作られた銚子外川、地引き網の技術を伝えられた九十九里浜などは大衆魚の水揚げが増大し、内湾の鯨取り、鯛の桂網など船舶操業も普及を見た。九十九里浜のいわし漁は全国一の規模を誇り、地元で生産される干鰯やシメ粕は、全国に農産物の肥料として供給されている。

利根川の水運が開かれ、穀物や鮮魚、特産物を運ぶ水上交通が発達

銚子や野田に代表される醤油の醸造も紀州人の技術導入から始まった。内湾の奥にある行徳海岸では早くから製塩が行われ、江戸時代初めに徳川家康の保護で東国一の大塩田となる。現在の地下鉄東西線地先の埋め立て地が塩田の跡だ。この製塩は江戸へ供給され、幕府の戦略物資の一つとなった。また、南の房州嶺岡山には幕府の直轄牧が置かれ、馬牛の改良や、本邦初のバター「白牛酪」が精製され、日本酪農発祥地と言われる。関東平野の南側に当たるエリアには、現在も広大な田畑が広がっている。

県北で茨城県との境になる利根川流域は、いま水郷国定公園となっているが、この流路は江戸時代に、徳川幕府の手で東に向けて開削されたものだ。これに伴い利根ー江戸川の水運が開かれ、穀物や鮮魚、特産物を運ぶ水上交通が発達していった。そして沿岸の銚子から佐原、木下、関宿などの要所には河港が設けられ、物産集散地として賑わう。

房総の海女、九十九里のおっぺし、北総の行商といった働きものの多くが女性であることから、「千葉県の女性は忍耐強い」と言われるが、歴史をひも解くと、理想家の日蓮や、地理測量の先覚者・伊能忠敬などといった男性の中にも執念の人が多い。

77万年前の地層「チバニアン(千葉の時代)」など話題の見どころも

昭和50年代以降、北総平野の真ん中に新東京国際空港（現・成田国際空港）が開設され、千葉県は日本の空の表玄関となる。また、内湾沿いの千葉港(市川－袖ケ浦)は輸出入の窓口として拡充され、国際的にも脚光を浴びた。さらに神奈川県川崎と木更津の海を結ぶ東京湾横断道も建設され、南房総は活性化が進み、千葉県で一番の観光エリアとなる。

県内には、県庁所在地の千葉市、最近、77万年前の地層「チバニアン（千葉の時代）」で脚光を浴びた市原市の中央部のほか、葛南地域（市川市・船橋市・習志野市・八千代市・浦安市）、東葛飾地域（松戸市・野田市・柏市・流山市・我孫子市・鎌ヶ谷市）、印旛地域（成田市・佐倉市・四街道市・八街市・印西市・白井市・富里市、酒々井町、栄町）、香取地域（香取市・神崎町・多古町・東庄町）、海匝地域（銚子市・旭市・匝瑳市）、山武地域（東金市・山武市・大網白里市、九十九里町、芝山町、横芝光町）、長生地域（茂原市、一宮町、睦沢町、長生村、白子町、長柄町、長南町）、君津地域（木更津市・君津市・富津市・袖ケ浦市）、夷隅地域（勝浦市・いすみ市、大多喜町・御宿町）、安房地域（館山市・鴨川市・南房総市、鋸南町）の11地域があり、それぞれ地域の特性に応じた観光資源が豊富。今回は23の路線別にその見どころなどをご紹介する。

1章 JR線

・総武本線
・外房線
・内房線
・東金線
・久留里線
・成田線
・常磐線
・武蔵野線
・京葉線

◎内房線保田付近を走る特急「さざなみ」。

JR総武本線❶

鉄道の整備で住宅地の造成が進む中、総武線として通勤・通学の主力路線に

「総武」は、上総国・下総国(千葉県)と武蔵国(東京都)を結ぶ、が由来。実際、千葉から東京方面への区間は、まさに千葉県と東京都を結ぶ大動脈で、毎日、通勤・通学電車として大勢の人々が利用している。このため千葉駅以西は、電車特定区間に指定され、区間外よりも割安な運賃が適用されている。

沿線で密集地が増えるに連れ、路線の整備も拡大した。総武線の錦糸町ー千葉駅間は、各駅停車の電車が走行する総武緩行線と快速電車や特急列車が走行する総武快速線が並行する線路別複々線となっている。

昭和44(1969)年には営団地下鉄(現・東京メトロ)東西線がバイパス路線で西船橋駅に乗り入れるが、混雑緩和の課題は現在も続いている。

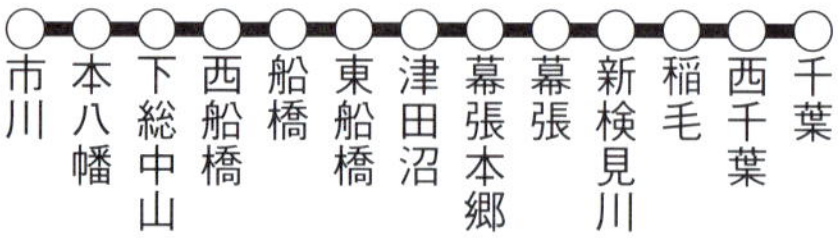

JR総武本線❷

明治27年開業の総武鉄道がルーツ！明治40年に国有化され「総武本線」

総武線(総武本線)のルーツは、明治27(1894)年7月に市川〜佐倉間で開業した総武鉄道の路線だ。民間の総武鉄道株式会社によって造られたもので、その後、同社は延伸と開業を繰り返して路線を広げて行くが、明治40(1907)年9月には国有化。路線名は「総武本線」に変わった。

しかし、現在の総武本線は千葉駅から東京駅を経由、銚子駅までをつなぐ路線をさし、三鷹駅と千葉駅を結ぶ区間は「中央・総武線」と呼ばれる。

総武線が御茶ノ水まで延伸、ほぼ現在のような形に整ったのは、昭和7(1932)年で、他線との連絡に伴い車両の電化も急速に進んで行く。昭和10(1935)年には、御茶ノ水駅と千葉駅の間が電化され、「電車」の時代となった。

JR外房線

九十九里平野へ向かう路線で山を、太平洋を見て海も満喫の「外房線」

　外房線は、千葉駅から房総半島の太平洋側を回り込み、半島を南下して安房鴨川駅へ至る路線。明治29（1896）年、蘇我〜大網間が開業。その後順次延伸され、昭和４（1929）年、安房鴨川駅までの全線が開通した。

　千葉駅から上総一ノ宮駅までは、都心への通勤・通学者で占められる区間。また、蘇我駅〜大網駅間は房総台地を横切って九十九里平野へ向かう直線路線で、山間の風景が楽しめる。

　地元客が目立つ上総一ノ宮駅から大原駅までは、小さな駅舎を経由しながら進む。そして大原駅から安房鴨川駅までは、太平洋の入江を垣間見ながら南下。房総の海辺の旅を満喫できる。路線の多くが南房総国定公園に属する地域に敷かれており、観光施設も点在している。

千葉 — 本千葉 — 蘇我 — 鎌取 — 誉田 — 土気 — 大網 — 永田 — 本納 — 新茂原 — 茂原 — 八積 — 上総一ノ宮 — 東浪見 — 太東 — 長者町 — 三門 — 大原 — 浪花 — 御宿 — 勝浦 — 鵜原 — 上総興津 — 行川アイランド — 安房小湊 — 安房天津 — 安房鴨川

JR内房線

トンネルを抜けたら海、の景観、南房総の魅力が味わえる「内房線」

　内房線は、千葉市の蘇我駅から東京湾沿いに房総半島を南下し、安房鴨川駅に至る路線。明治45（1912）年、蘇我〜姉ヶ崎間が木更津線として開業。その後は延伸を繰り返し、大正８（1919）年に安房北条（現・館山）まで延び、大正14（1925）年には安房鴨川まで全区間が開通する。

　蘇我〜君津区間は千葉市や東京方面に通う人々のベッドタウン。君津〜館山間はトンネルが多いが、トンネルを抜け、目の前に海が広がる景色は内房線ならではの魅力だ。

　館山〜安房鴨川間は南房総と言われ、千葉県の中で最も温暖な地域。車窓から南国を思わせる植物や明るい印象の建物が多く見られる。東京湾側から太平洋側へと海を見る方向が変わるためか、海の表情も違った印象を受ける。

蘇我 — 浜野 — 八幡宿 — 五井 — 姉ヶ崎 — 長浦 — 袖ヶ浦 — 巌根 — 木更津 — 君津 — 青堀 — 大貫 — 佐貫町 — 上総湊 — 竹岡 — 浜金谷 — 保田 — 安房勝山 — 岩井 — 富浦 — 那古船形 — 館山 — 九重 — 千倉 — 千歳 — 南三原 — 和田浦 — 江見 — 太海

JR東金線

九十九里浜の海岸線に沿って走る、
全部で５駅だけの短い路線

　九十九里浜海岸の少し内陸部を海岸沿いに走る東金線は、起点の大網駅と成東駅の間に停車する駅が３駅だけの短い路線だ。前身は、明治29（1896）年に開業した房総鉄道だ。その後、国有化により「東金線」と改称された。

　大網駅では外房線に、成東駅では総武本線に接続し、両路線を結ぶ役割を果たしている。京葉線経由で走る東京方面への通勤快速は、朝夕の各１本だけの運行だが、蘇我駅以西の停車駅数が極端に少ないこともあり、通勤・通学の利用者から重宝にされている。近年、沿線に大学が新設されたこともあり、また多くの住宅が建てられ、乗降客は年々増加してきた。

　まだローカルな雰囲気を残す路線で、車窓にはのんびりとした田園風景が続く。しかし、中心の東金駅付近では、ショッピングセンターや住宅地が広がり、賑やかさを感じさせる。そして再び、田園風景を走り、終点の成東駅に到着する。

大網 ― 福俵 ― 東金 ― 求名 ― 成東

久留里線

緑の房総丘陵を行く久留里線は、
鉄道ファンに人気のレトロ路線。

　房総半島の中央にある木更津駅（木更津市）から山間を通り、上総亀山駅（君津市）へつながるJR久留里線。木更津駅を出た列車は、大きく東へカーブしてしばらく田園風景の中を走る。路線はほぼ小櫃川に沿って延び、東横田駅から南へ向きを変える。この辺りから標高が高くなり、車窓の風景に起伏を感じるようになると久留里駅に着く。ここからさらに山間部に入り、急な地形の中にある上総松丘駅を経て、トンネルを２つくぐると終点の上総亀山駅に到着。全路線32.2キロを１時間かけて走る。

　２両編成のディーゼルカーである久留里線は、県内を走るJR線では、唯一の非電化路線。車両も国鉄時代のものを再塗装して使っており、そのレトロな感じは鉄道ファンに人気が高い。路線内の14駅のうち11駅は無人駅という典型的なローカル線だ。

木更津 ― 祇園 ― 上総清川 ― 東清川 ― 横田 ― 東横田 ― 馬来田 ― 下郡 ― 小櫃 ― 俵田 ― 久留里 ― 平山 ― 上総松丘 ― 上総亀山

成田線(本線・我孫子支線・空港支線)

総武本線・佐倉〜松岸間を迂回して開通。佐原や成田山など観光名所が多い。

JR成田線は、佐倉〜松岸間の本線と、我孫子〜成田を走る我孫子支線、成田市内にある成田〜成田空港間の空港支線の３路線がある。

本線は、大半の列車が佐倉〜成田間を経由する東京方面直通の成田空港アクセス列車で、成田空港への連絡が重要視される。運転間隔は、成田駅〜佐原・香取駅間は１時間に１〜２本程度の運転で、佐原・香取駅〜松岸・銚子駅間が１本程度。香取からは茨城県の鹿島神宮へ向かう鹿島線が分岐している。

路線内には、“関東の小江戸”と言われる佐原市の玄関口「佐原駅」や成田新勝寺への参拝客で賑わう「成田駅」がある。秋の行楽シーズンや、新年の初詣の時期は、1年のうちでも乗降客が多い。

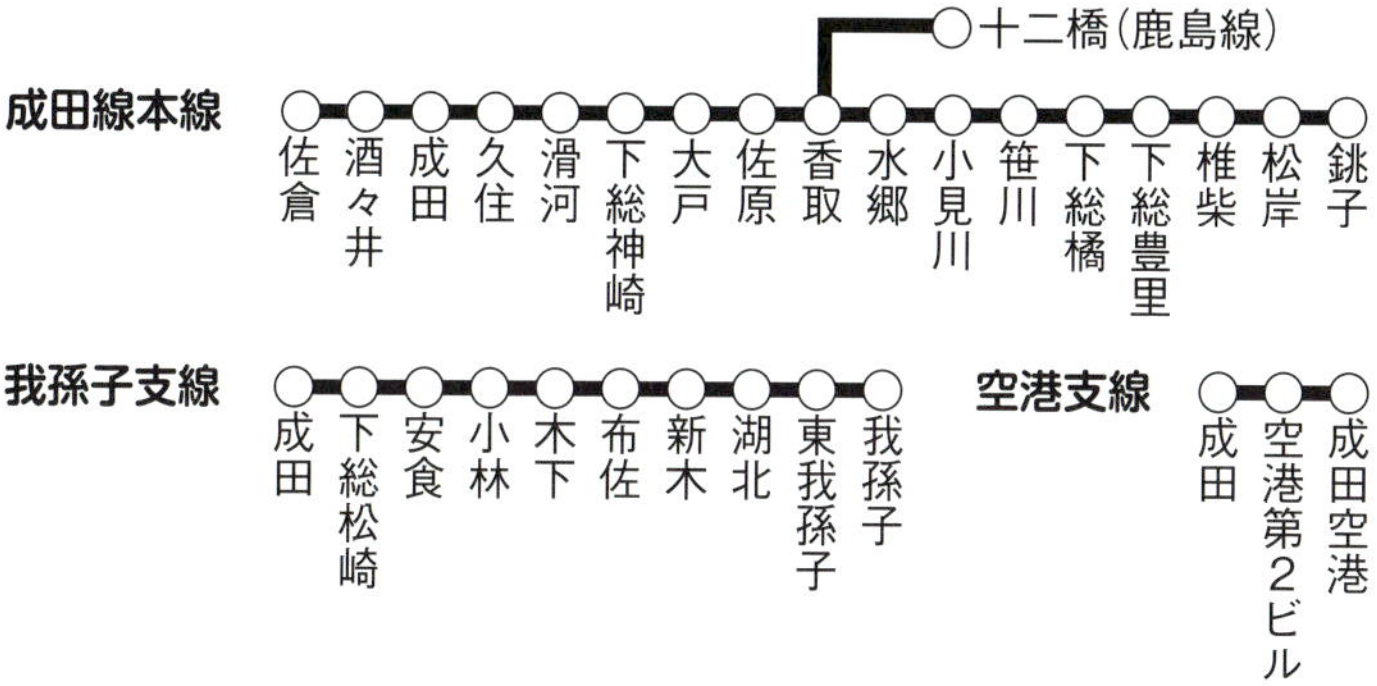

常磐線

東京メトロ千代田線とも直結し、他線との接続も多い通勤通学路線

千葉県内を走る常磐線は、快速線と緩行線の２系統あり、緩行線は東京メトロ千代田線と直通運転を行なっている。首都圏への通勤・通学をする人々で混雑する路線の１つで、ラッシュ時が終わった昼前から夕方までは、緩行線の下りは我孫子駅止まりである。また、松戸駅では新京成線、馬橋駅では流山線、新松戸駅ではＪＲ武蔵野線、柏駅では東武野田線と他線と接続が多いのも特徴だ。我孫子駅から分岐し成田線に乗り入れる快速電車もある。駅は、松戸駅から柏・我孫子を経て天王台駅まで10駅。新松戸駅までは平地、北小金駅から柏市内は下総台地の中を走り抜ける。線路と道路が交差する地点はすべてが立体化され、踏切がないのも沿線の特徴になる。

また沿線は、江戸川と利根川の中間、県の北西部に拓けた住宅都市群を結ぶ路線。都内へ通勤する、いわゆる「千葉都民」と呼ばれる人たちが多く住む。近年急速に人口が増加した地域としても知られている。

松戸 ― 北松戸 ― 馬橋 ― 新松戸 ― 北小金 ― 南柏 ― 柏 ― 北柏 ― 我孫子 ― 天王台

武蔵野線

東京の府中市から埼玉県南部を横断し、千葉県船橋市の西船橋に至る路線。

都心を大きな半円で囲むような外郭環状線をかたどる武蔵野線が開通したのは、昭和48（1973）年。もともとは貨物列車を運行させるために計画され、当初は貨物列車の合間に旅客列車を走らせるようなダイヤが組まれた。しかし沿線の街が発展、乗降客が増えたことで、現在の旅客中心路線へ移行した。府中本町駅から西船橋駅までの走行距離は全71.8キロ。正確には、神奈川県横浜市の鶴見駅から船橋市の西船橋駅を結ぶ100.6キロの路線だが、鶴見駅〜府中本町駅間（通称：武蔵野南線）は原則として貨物列車専用区間となっている。東松戸駅・新八柱駅・新松戸駅・南流山駅は、それぞれ北総線・新京成線・常磐線・つくばエクスプレスとの乗換駅になっており、特に通勤時間には多くの乗降客で混雑する。また、終点の西船橋駅ではJRの京葉線と接続している。千葉県内では、湾岸部と千葉県北西部を結ぶ唯一の路線として重要な役割を担っている。

京葉線

都心と幕張新都心をつなぐ、ベイエリアのアクセス路線。

京葉線は、東京駅から東京湾沿いを経由して、千葉市内の蘇我駅までの43キロをつなぐ路線。県内には、舞浜駅から蘇我駅までの12駅がある。全線開通したのは平成2（1990）年。首都圏のJR線のなかでは最も新しい路線となる。東京駅から千葉駅・蘇我駅までの総武本線のバイパス的な役割を担う一方、東京都心と東京ディズニーリゾート、幕張メッセ・QVCマリンフィールドなどが集約する幕張新都心を結ぶ重要なアクセスラインとして機能している。

また、沿線の浦安市・船橋市・習志野市・千葉市に暮らす人々にとって、今やなくてはならない生活路線だ。ベッドタウンが増えるに従い、最大で196パーセント（2006年）という乗車率を記録した。現在も首都圏鉄道混雑率の上位に入っている。

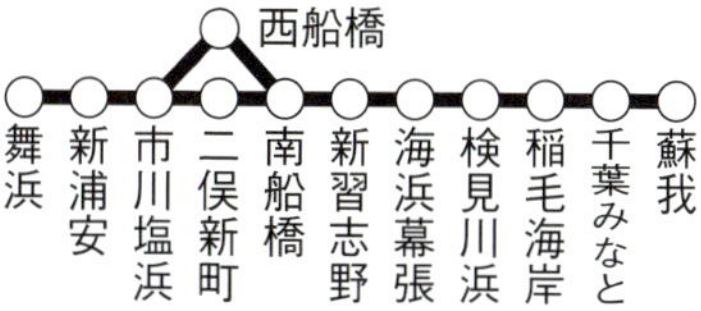

下総国分寺跡の伽藍は現在の国分寺と重複し、写真の本堂は金堂跡になる。

桜の名所でも知られる須和田遺跡の須和田公園。3月下旬～4月上旬が見ごろ。

総武本線①

市川

所 市川市市川1-1-1
開 明治27(1894)年7月20日
乗 6万1159人

01-1

弥生時代最古の土器が出土した遺跡

須和田遺跡（須和田公園）

所在地 市川市須和田2-34
アクセス 市川駅北口から徒歩15分、市川真間駅から徒歩10分

縄文時代から平安時代に至る遺跡（県指定）。原始的な採取狩猟の暮しから、稲作農耕の計画的な生活へと移り変わったその頃の生活ぶりをうかがわせる記念碑的な遺跡で、南関東では弥生時代最古に属する須和田式土器が出土した遺跡としても名高い。現在、一部が公園となり、バラ園が整備されているほか、桜の名所としても知られている。

また、須和田公園と隣接する坂道にもたくさんの桜の木が植えられており、春になると園内の桜と一体となり、周辺の風景を桜色に染める。

バラ園は決して広くはないが、密度の高い美しさで、初夏の公園内の

国分僧寺跡の近くにある下総国分尼寺跡。金堂・講堂跡は現在公園になっている。

再建された国分寺の南大門。創建時には現在地より20mほど西に建っていた。

新緑とはまた違った見どころになっている。

01-2

天平の昔をしのばせる
国指定・下総国分僧寺跡（現・下総国分寺）

所在地　市川市国分3-20-1
アクセス　市川駅北口からバスで「国分」下車、徒歩5分

市川の古代遺跡を代表する国分僧寺跡は、須和田公園の北東、国分台住宅地の一角にある。奈良時代の旧寺域は、国府のほぼ東方のところに220メートル四方の区画で整然と配置されていたようで、これは法隆寺式の伽藍であった。

巨木に囲まれた境内には、昭和に入って再建された現在の本堂が建つ。当時の金堂跡に建てられたもので、当然ながら初期のお堂の面影はない。しかし往時を模した山門が建てられ、当時の礎石も残されている。

国分寺の配置は天平13（741）年、聖武天皇の命で全国的に行われたもので、僧寺と尼寺が対で建立された。僧寺は、金堂、七重塔を中心に、講堂、経蔵、鐘楼、僧坊、中門、南大門などで、僧は20人が置かれていたという。

戦後の調査で金堂、講堂と塔の基壇が検出されているが、この調査の結果、基礎工事には唐の手法が用いられていることが判明した。

桜の名所でもある真間山弘法寺。中でも見事なのが伏姫桜と呼ばれるしだれ桜。

真間山弘法寺仁王門。門扁額の「真間山」の文字は弘法大師空海筆と伝わる。

01-3

現在公園として利用されている

国指定・下総国分尼寺跡

所在地 市川市国分4-17-1

アクセス 市川駅北口からバスで「国分」下車、徒歩10分

僧寺跡から北西へ5分ほど歩くと国分尼寺跡がある。国分尼寺の造りは、金堂、講堂から南大門がまっすぐに並ぶ東大寺様式と呼ばれるもので、これらは僧寺より少し後に建てられ、10人の尼が置かれていた。跡地からは「尼寺」と記された墨書土器や古瓦が出ている。尼寺の中心に当たる、金堂・講堂の跡は現在公園として利用されている。「金堂跡」の石碑があるだけのシンプルだが緑豊かな公園は、春には桜の花が楽しめる。

01-4

1300年以上の歴史を誇る古刹

真間山弘法寺

所在地 市川市真間4-9-1

アクセス 市川駅から徒歩15分

市川駅の北側、国道から大門通りをまっすぐ進むと、真間山に突き当たる。そして長い石段を上ると、そこに日蓮宗弘法寺（ぐほうじ）がある。天平9（737）年に、行基がここに手児奈の霊を供養するために建立

伝説の美女手児奈が水汲みをしたとされる井戸(真間の井)は亀井院に実在する。

弘法寺の7世日与上人が霊神のお告げによって建立したという手児奈霊堂。

した求法寺が寺の始まりとされる。その後、弘仁13(822)年に弘法大師がこの地を訪れて七堂伽藍に再建し、真言宗弘法寺と改めた。そして戦国時代の後期には、法華経寺の富木常忍の系列に加わり、日蓮宗の寺となる。山門の金剛力士は運慶作による黒光りの仁王像で、楼上の額は弘法大師の真筆と伝わる。境内には祖師堂、鐘楼などもあり、いかにも由緒ある寺の雰囲気を醸し出している。明治21(1888)年に火災で焼失、今の諸堂は2年後に再建されたものだ。現在では桜の名所としても知られ、特に樹齢400年を超える伏姫桜と呼ばれる古木枝垂桜を見るために大勢の人が訪れる。秋の紅葉も素晴らしい。

01-5

伝説の美女・手児奈を祀る
手児奈霊神堂

所在地 市川市真間4-5-21
アクセス 市川駅から徒歩13分

真間山弘法寺の近くには、万葉秀歌に歌われた伝説の美女手児奈を祀る霊堂がある。伝説というのは、「その昔、真間の里(現・市川真間周辺)に住んでいた手児奈という美しい少女をめぐって男たちが争い、心優しい手児奈は自分のために人が争い傷つくのに悩み、真間の入江に身を投

推定樹齢1200年といわれる「千本イチョウ」。国の天然記念物に指定される。

永井荷風、幸田文、伊藤左千夫など、多くの文化人に親しまれた葛飾八幡宮。

げた」という言い伝えだ。文亀元（1501）年に日与上人が、手児奈の霊を感じてお堂を建てたのが、現在の手児奈霊堂だ。霊堂の近くにある小寺亀井院の裏庭には、手児奈が水を汲んだという真間の井戸があり、堂の西側には昔の沼沢地に板橋を架け渡した〝継ぎ橋〟の遺跡がある。当時とは地形も変わっているが、わずかに蓮池が残り、玉藻のなびく往年の入江の情景をしのばせてくれる。

本八幡

所 市川市八幡2-17-1
開 昭和10（1935）年9月1日
乗 5万9869人

02-1

地名「八幡」の由来にもなった葛飾八幡宮

所在地 市川市八幡4-2-1
アクセス 本八幡駅から徒歩5分

JR本八幡駅から国道を越えて右に京成線沿いに歩いて行くと、この辺りの地名の由来にもなった「葛飾八幡宮」の大鳥居が見えて来る。本八幡はこの八幡宮を中心に発展してきた。

創建は、平安時代初期・寛平年間（889～898年）まで遡る。

下総の国を守護する総鎮守として崇敬されてきた葛飾八幡宮の本殿。

黄色いイチョウの木に映える、ベンガラ色に塗り直された葛飾八幡宮随神門。

当時の宇多天皇の命により京都の石清水八幡宮を分祀して建立され、下総の国総鎮守八幡宮として鎮座したのが始まりだ。以来、歴代朝廷の崇敬を受け、代々の国司・郡司をはじめ、関東武士の信仰を集めてきた。中でも平将門の奉幣、源頼朝の社殿改築、太田道灌の社壇修復、徳川家康の御朱印地社領52石の寄進など、その時々の力ある武将から厚く信仰されてきた。

境内の梵鐘には元享元年（1321年）の銘があり、県文化財に指定されている。また社殿右側には、多数の幹が寄り集まり、まるで一本の大樹のように見える「千本公孫樹」（国指定天然記念物）と呼ばれる大きな銀杏の木（樹高22メートル、幹周りは10・2メートル、推定樹齢は1200年）があり、水戸光圀公も立ち寄ったと言われている。

毎年9月15日の例祭日に広大な境内で催される農具市（通称ぼろ市）の盛況さは、かつて関東三大農具市のひとつに数えられるほどであった。また、33年毎に斎行される大きな祭り、「三十三周年式年大祭」もある。

文学の発信地らしくミュージアムの前には読書をする親子のブロンズ像がある。

市川に縁のある幅広いジャンルの作家たちの資料が揃う市川市文学ミュージアム。

02-2

文芸情報発信の拠点となる
市川市文学ミュージアム

所在地 市川市鬼高1・1・4
市川市生涯学習センター（メディアパーク市川）2階

アクセス 本八幡駅・下総中山駅より徒歩15分、
京成線鬼越駅より徒歩10分

市川は、「真間の手児奈」が万葉集に詠まれて以来、多くの文人墨客に愛され、昔から現代に至るまで数々の文芸作品の舞台となっている。こうした文化と芸術の土壌が豊かに育まれた地域の魅力を広く伝えるため、平成25（2013）年7月にオープンしたのが「市川市文学ミュージアム」だ。

施設内には、永井荷風、水木洋子、井上ひさしなど市川市ゆかりの文学者、映像作家、写真家など、幅広いジャンルの作家の資料などが収集され、展示されている。年数回の企画展や映画上映会も開催している。

また、市民の文芸発信の拠点となる文学賞（市川手児奈文学賞）も設け、市川を詠んだ短歌・俳句・川柳・詩などの作品を全国から募集している。

本八幡はサイゼリア発祥の地
閉店した１号店はそのまま保存されている！

千葉が生んだ“パラダイス”と言われるサイゼリアは、昭和48（1973）年創業のファミリーレストラン。低価格なイタリア料理が大ヒット。ファミリーだけでなく、中高生のくつろぎの場として千葉の生活に密着している。ドリンクだけで長時間ねばる学生向けに「ドリングバーのみのご利用はご遠慮下さい」と張り紙が出るほど大盛況。現在、国内1000店舗のうち千葉は東京に次ぐ109店を展開している。

JR総武線・本八幡駅から徒歩３分の青果店の２階には、サイゼリヤ１号店がチェーン店の「教育記念館」として保存されている。店は営業していないが、看板などのディスプレイはそのまま。想い出店舗を保存する懐の深さも千葉らしさと言えるかもしれない。

神隠しの伝承が残る、八幡の薮知らず

国道14号線（千葉街道）を挟んだ市川市役所の斜め向かいに、不知森神社（しらずもり）の鳥居と祠に護られた小さな竹薮があるが、これが神隠しの伝承が残る「八幡の薮知らず」だ。石碑には「不知八幡森（しらずやわたのもり）」と記されている。古くから「禁足地」）入ってはならない場所）とされており、「足を踏み入れると二度と出て来られなくなる」と伝えられている。

所在地：市川市八幡２‐８
アクセス：本八幡駅から徒歩７分

屋根付きの壮大な山門には本阿弥光悦筆「正中山」の額がかかっている。

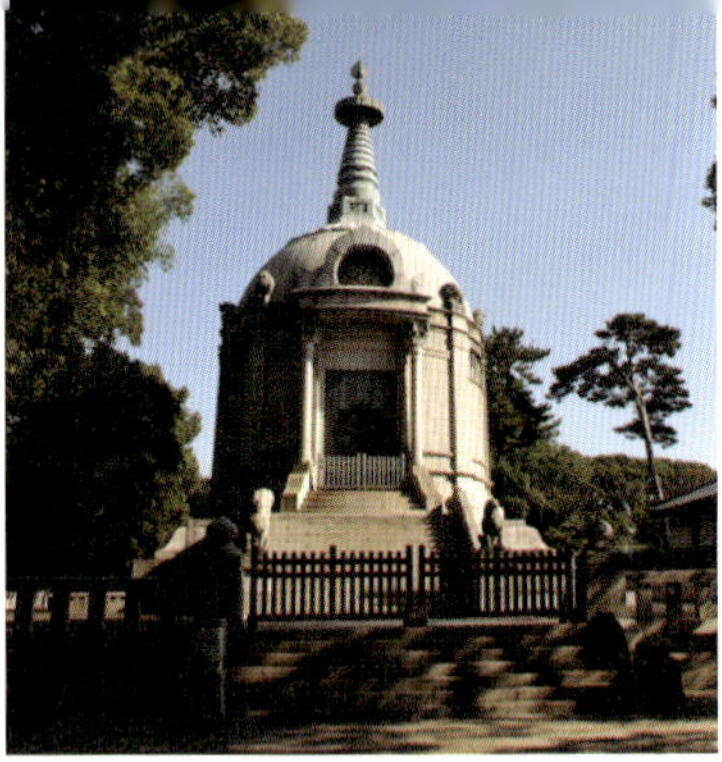

日蓮大聖人真筆の国宝など、重要文化財六十四点などが保存されている聖教殿。

下総中山

所 船橋市本中山2-17-37
開 明治28（1895）年4月12日
乗 2万3778人

03-1

日蓮の聖地・中山法華経寺

境内は文化財の宝庫になっている

所在地 市川市中山2-10-1
アクセス 下総中山駅から徒歩10分、京成中山駅から徒歩5分

千葉県内には、日蓮に関する史跡や資料が多く残されている。中でも有名なのが中山法華経寺だ。参道途中の総門は江戸初期の建立。扁額の漢文は百日百座説法の根本で筆は太田道灌の末裔太田資順によるもの。仁王門の扁額は本阿弥光悦の書で、総門と両扁額ともに市川市の指定文化財になっている。

境内を入ると、重要文化財の祖師堂や法華堂、五重塔が建ち並ぶ。五重塔は千葉県で唯一、江戸時代の初期（1622年）に建てられたものだ。周囲には鐘楼、四足門、絵馬道、荒行堂、聖教殿が配され、まさに文化財の宝庫と言っても過言ではない。

法華堂は室町時代の建築で、日蓮が100日間の百座説法を成就した記念碑的な建物。同じく室町時代の建造物・四足門は、鎌倉から移築さ

山寺のような急な角度の入母屋屋根が特徴の刹堂。鬼子母神堂とも呼ばれる。

国重要文化財の法華経寺祖師堂。現在の建物は江戸中期に上棟されたものだ。

れたもので、ともに重要文化財だ。

荘重な建物の中でひときわ目立つのがインド様式の聖教殿だ。ここには、日蓮が鎌倉幕府に提出した「立正安国論」や日蓮の代表著作の一つである「観心本尊抄」、日蓮直筆の遺文などが多数保管されている。

境内の奥には、江戸三大鬼子母神にも数えられた鬼子母神堂がある。祀られている鬼子母神像は日蓮自らが刻んだもので、様々な法難に遭った日蓮を救った感謝が込められているという。現在も子育ての神として信仰を集めている。

また中山法華経寺は日蓮宗の祈祷根本道場で、世界三大荒行の一つとされる「寒百日大荒行」が毎年11月1日から翌年の2月10日まで行われることでも知られている。

03-2

縄文時代の住居跡としては日本最古
姥山貝塚（姥山貝塚公園）

所在地　市川市柏井町1-1212
アクセス　下総中山駅からバスで「姥山貝塚公園入口」下車、徒歩5分

縄文時代中期から後期にかけての貝塚。東西約130メートル、南北120メートルの馬蹄形貝塚で、現在は「姥山貝塚公園」として整備され

現在の玉川旅館。太宰治が小説を書いていた部屋は今でも残されているという。

昭和42年に国指定史跡となった姥山貝塚を中心に整備された姥山貝塚公園。

ている。

明治26（1893）年以降、何度も調査が行われているが、特筆されるのは、大正15（1926）年に東京人類学会が行った発掘調査。日本で初めて、縄文時代の竪穴住居跡が完全な形で発掘され、当時の集落の存在を知る手掛かりとなった。縄文時代中期から後期にかけての土器も数多く発見。共同墓地と思われる場所からは、多数の人骨とともに装身具や特殊器形の土器なども見つかった。発見された竪穴住居跡は39ヵ所、人骨は143体。堀之内貝塚と同様、ハマグリを主体としてアサリ、シオフキなど30種以上の貝も出土している。

昭和42（1967）年に国指定史跡となり、一般市民に広く啓蒙する目的で公園内には貝塚の範囲など地点ごとに説明板が置かれている。

04-1

船橋

所 船橋市本町7-1-7
開 明治27（1894）年7月20日
乗 13万9109人

太宰治が愛した街「船橋」

市内には太宰ゆかりの場所が点在

太宰治が散歩の途中に寄った御蔵稲荷神社。鮮やかな赤い鳥居がひと際目立つ。

海老川に架かる九重橋には、太宰治のレリーフが設置されている。

走れメロス・津軽・斜陽・人間失格など数々の名作を残して、39歳で早世した太宰治。現在も多くの読者に愛されているが、その太宰が船橋ゆかりの作家であることは意外に知られていない。

盲腸炎をこじらせて腹膜炎を起こし、鎮痛剤パビナールによる中毒にもなってしまった太宰が、昭和10（1935）年7月、26歳の時に、内縁の妻・初代と共に療養のために東京・杉並から船橋へ転居。その後、東京・板橋の病院に入院するまでの1年3カ月、船橋に滞在した。

短い期間ではあったが、船橋では、「ダス・ゲマイネ」「地球図」「めくら草紙」「虚構の春」「狂言の神」などの作品を執筆したほか、記念すべき初めての本「晩年（短編集）」を刊行している。しかし病は癒えず、切望していた「芥川賞」の受賞も叶わず、辛い時期ではあった。それでも太宰は、後の作品「十五年間」（昭和21年）で、次のように述べている。「私には千葉船橋町の家が最も愛着が深かった。どうしてもその家から引き上げなければならなくなった日に、私は、たのむ！もう一晩この家に寝かせて下さい。玄関の夾竹桃も僕が植えたのだ、庭の青桐も僕が植えたのだ、とある人に頼んで手放しで泣いてしまったのを忘れていない」

今も船橋には、昭和初期の雰囲気を感じさせる太宰ゆかりの場所が数多く点在。太宰ファン必見のスポットになっている。

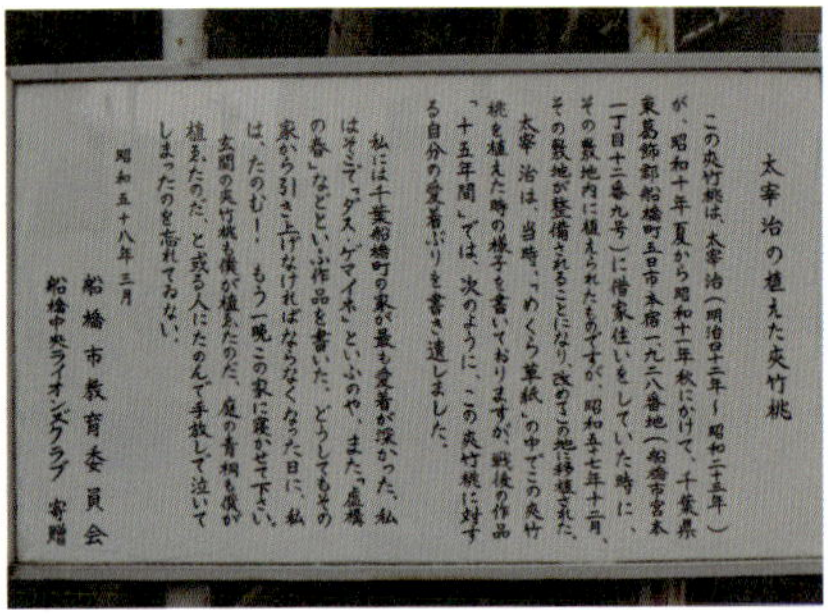

中央公民館前には、太宰治が植えた「夾竹桃」のことが説明されている。

借家住まいをしていた宮本1丁目の太宰旧宅跡には、石碑と説明板が建つ。

(1) 太宰治旧宅跡

船橋駅から徒歩10分の海老川のそばに、かつて太宰が借家住まいをした場所がある。現在は別の住宅が建ち、敷地内には入れないが、家の前に「太宰治旧宅跡」として石碑と説明板がある。船橋市宮本1-12付近。

(2) 九重橋

昭和63（1988）年11月に完成した海老川に架かる橋。太宰治旧宅跡に近いことから、欄干には、太宰治の肖像や年譜、「走れメロス」の一節、小説の一場面のレリーフが設置されている。船橋市宮本1-29付近。

(3) 中央公民館前広場

中央公民館前の広場には、太宰治の旧宅から移植された夾竹桃が植えられている。隣人宅に植えられていたのを、太宰が譲ってもらったもので、そばには文学碑と説明板が設置されている。船橋市本町2-2-5。

(4) 割烹旅館・玉川

創業が大正10（1921）年の老舗割烹旅館「玉川」。平成20（2008）年には国の登録有形文化財となった。太宰はこの旅館の桔梗の間に20日間ほど滞在、小説を書いていたと言われている。部屋は今でも客室として使用。船橋市湊町2-6-25

(5) 御蔵稲荷神社

太宰治旧居跡から南西に250メートルのところにある、鮮やかな赤

中央公民館前の一角に、太宰の植えた夾竹桃と文学碑、説明板がある。

太宰治が滞在した当時の割烹旅館・玉川。国の登録有形文化財。

い鳥居が印象的な御蔵稲荷神社。太宰の散歩場所でもあり、また短編集・晩年の口絵写真は、この神社にある狐の石像を背景に撮影されたという。
船橋市本町4-31。

東船橋

所 船橋市東船橋2-10-1
開 昭和56(1981)年10月1日
乗 1万9835人

05-1

県内最大級の規模を誇るプラネタリウム
船橋総合教育センター「プラネタリウム館」

所在地 千葉県船橋市東町834
アクセス 東船橋駅より徒歩約15分

船橋市総合教育センターに併設して、ドーム型でUFOのようなユニークな外観が目に付くが、これが県内最大級の規模を誇るというプラネタリウム館。直径18メートルのドーム内には座席が255席あり、投影機械のGN-AT（五藤光学製）は、世界で唯一30年もの長い期間使用されている貴重なもの。最先端のデジタル機器と比べても遜色なく美し

菊田神社に隣接している、緑豊かな菊田水鳥公園。水辺で憩う人も多い。

ドーム型でUFOのような外観の船橋総合教育センター「プラネタリウム館」。

い夜空を描き出している。

また、このプラネタリウム館では、生解説（ライブ形式）で、季節ごとの星座の見つけ方、星座に関する伝説、逸話を詳しく説明してくれる。さらに天体観望会も開いて、子供たちの宇宙への夢を育んでいる。

投映は、幼児向けと大人向けの2種類あり、幼児向けは土・日曜日にそれぞれ1回、大人向けは2回投映される。営業時間：9時～17時。休館日は、月曜日（祝日の場合は翌日）。料金：大人430円、子ども210円。

津田沼

所 習志野市津田沼1-1-1
開 明治28（1895）年9月21日
乗 10万4073人

06-1

古くは「久々田明神」と称された
菊田神社・菊田水鳥公園

所在地 習志野市津田沼3-2
アクセス 津田沼駅から徒歩10分、京成津田沼駅から徒歩5分

駅の南、京成線寄りに菊田神社がある。この神社は、鎌倉初期に創建されたもので、昔は久々田（くくだ）大明神と呼ばれていた。祭神は大己

創建は弘仁年間と伝わる由緒ある菊田神社。写真は歴史を感じさせる本殿。

駅に近く、津田沼のパワースポットとしても人気がある「菊田神社」。

貴命。

社伝によると、創建は弘仁年間（810〜824）年頃の創建。鎮座していた場所が久々田浦の入江にそばにある小島だったことから、古くは「久々田明神」と称されていた。治承5（1181）年、藤原貴族の末孫である藤原師経が左遷されて下総へ船で渡る途中に内湾で嵐に遭い、久々田浦の入江に避難した。師径卿らは、無事、助かったのは久々田大明神の御神徳によるものとし、この地に留まり、後に移住した。この神社の祭神が大己貴命（大国主命）となっているのは、師経卿が祖先の藤原時平命を合せ祀ったためという。

社名は宝暦年間（1751〜1763年）に「菊田大明神」と改称された。代々この地域の守護神として厄難除け・縁結び・安産・商売繁盛の神として崇敬され信仰を集めている。大正元（1921）年には近隣区内の金比羅神社など6社を境内社として合祀。千葉県神社庁より「顕彰規範神社」に指定された。隣接して緑の多い水辺で憩える「菊田水鳥公園」もある。

幕張

所 千葉市花見川区幕張町5-121
開 明治27（1894）年12月9日
乗 1万5860人

真蔵寺の近くには建仁2（1202）年に創建されたという「三代王神社」もある。

9世紀初頭に創建された「真蔵寺」。石搭石仏の宝庫として知られる。

07-1

常胤三男建立の寺と一族ゆかりの神社
「真蔵寺」「三代王神社」

所在地 真蔵寺：千葉市花見川区武石町1・1413
三代王神社：千葉市花見川区武石1・4
アクセス 真蔵寺：幕張駅から徒歩15分
三代王神社：幕張駅から徒歩10分

幕張駅から北へ1キロほどの丘陵地一帯は、古くは武石領と言われていたところで、鎌倉時代の武将千葉常胤の三男・武石三郎胤盛の領地であった。付近には現在も「武石町」の地名が残っている。町内の一角には、9世紀初頭に創建された「真蔵院」という古い寺がある。

この寺の本尊である柳地蔵菩薩は、正治年間（1199〜1201）に、領主胤盛が海中に身を投じて死んだ自分の母を慕い、その菩提を弔うために寺へ納めたものと言われる。境内には、高さ2メートル半、幅45センチという房総最大の石碑が建てられており、これは千葉氏一族の供養塔と伝えられ、千葉市の文化財に指定されている。裏山には天女が舞い降りた、と伝承のある羽衣神社もある。一帯は、江戸期からの石仏群のほか現代風の新しい石像など、石搭石仏の宝庫で、石仏ファンには見逃せないスポットとなっている。

大賀ハスが見つかった東大農学部厚生農場は、現在、東大検見川総合運動場に。

千葉氏の一族で今の武石町周辺を治めた武石胤盛が帰依した神社。写真は拝殿。

さらに近くには、建仁2（1202）年に創建された、武石氏の守護神・天種子命（あまのたねこのみこと）を祀っている「三代王神社」もある。この神社では、2月の春祭と10月の秋祭に神楽殿で十二座神楽が奉納されて賑わう。十二座神楽は黙劇風の江戸神楽の系統に属するもので、地域の災厄を払い、平和と子孫繁栄、豊作等を祈る内容となっている。神楽が終わると餅蒔きが行われ、これを目当てに地元の子供たちなどが大勢詰めかける。地域で長く守り伝えられてきた神楽ということで、平成22（2010）年に「市地域文化財」に指定された。

新検見川

所 千葉市花見川区南花園2-1-1
開 昭和26（1951）年7月15日
乗 2万2940人

08-1

東大検見川総合運動場

世界最古の花「大賀ハス」発祥の地

所在地 千葉市花見川区朝日ヶ丘町他
アクセス 新検見川駅から徒歩10分

古代のハスの実を蘇らせることに夢を抱いていた理学博士・大賀一郎氏は、検見川下流の湿地帯から丸木舟とハスの果託が採掘されたと知り、

大賀ハス発祥の地には、大賀ハス発掘記念碑とその説明板が設置されている。

昭和26年に元東京大学検見川厚生農場内から発掘された古代ハス(大賀ハス)。

「果託が出たのならハスの実も発掘できるのでは」と、昭和26（1951）年3月、丸木舟の出土地・検見川の東京大学農学部厚生農場（現・東大検見川総合運動場）を訪れた。博士の情熱に心動かされた千葉県の関係者、地域住民たちもこれに協力。諦めかけた頃、ついに手伝いに来ていた地元の中学生がハスの実1粒を発見。さらに2粒見つかり、大賀博士によって発芽処理が行われた結果、1年後にその内の1粒が見事に大輪の花を咲かせた。この一大ニュースは、国内外に報道され、アメリカのニュース雑誌「LIFE」にも、〝世界最古の花・生命の復活〟と掲載された。

可憐な淡紅色のハスは、大賀博士の名前から「大賀ハス」と命名される。そしてシカゴ大学原子核研究所での年代測定検査の結果、2000年前以前のハスの実と推定され、いよいよ「大賀ハス」の名前が世界中に知れ渡る。その後、国内はもちろん、遠く海外を含む150ヵ所以上に植え込まれ、友好と平和の使者として人々に愛され続けている。

昭和29（1954）年に千葉県の天然記念物「検見川の大賀蓮」と指定され、平成5（1993）年には、千葉市が政令指定都市に移行したのを記念して「市の花」にも制定された。ハスの実の発見地となった東大検見川総合運動場内には、「大賀ハス発掘記念碑」が建てられている。

東京湾の向こうの富士山を正面に望むように建てられた稲毛浅間神社の社殿。

鮮やかな稲荷幟が立つ、浅間神社にある稲荷神社。御祭神は「宇迦之御魂神」。

稲毛

所 千葉市稲毛区稲毛東3-19-11
開 明治32（1899）年9月13日
乗 5万575人

09-1

富士信仰の聖地として崇拝された

浅間神社

所在地 千葉市稲毛1-15-10
アクセス 稲毛駅から徒歩15分（京成稲毛から徒歩5分）

JR稲毛駅の西側800メートル、京成稲毛駅の踏切を渡って少し下ると、松林に包まれた丘陵が見えるが、その丘の上に建つのが浅間神社だ。平安時代初めの大同3（808）年、富士山の浅間神社から勧請されたのがこの神社の始まりとされている。治承4（1180）年には、源頼朝が東六郎胤頼を使者にして幣物を捧げて武運長久を祈願したのをはじめ、千葉常胤以来、代々の千葉氏の信仰が篤かったことが記録に残っている。

文治3（1187）年に社殿を再建した時、富士山の形に山を整え、富士山道のように三方の山道を設け、社殿は東京湾の向こうの富士山が正面に見えるように建立されたという。かつては富士五湖に模した池も配されており、この神社は富士信仰の聖地として崇拝されていた。

平成26（2015）年10月に再建50周年を記念して建立された稲毛浅間神社神門。

緑豊かな千葉大学の西千葉キャンパス。広大な敷地は39万㎡に及ぶ。

毎年7月15日の大祭には、伝統の「十二座神楽」（県無形文化財）が奉納される。この神楽は、天の岩戸・鬼退治など12のプログラムで構成され、すべて仮面をつけたパントマイム。もともとは九州から来た神主が広めたと伝わる。現在見られる神楽の様式は、17世紀末の江戸神楽の影響を受けて磨きがかけられたものだ。

西千葉

所 千葉市中央区春日2-24-2
開 昭和17（1942）年10月1日
乗 2万2533人

10-1

広大な敷地は旧陸軍の用地だった！ 千葉大学西千葉キャンパス

所在地 千葉市稲毛区弥生町1-33
アクセス アクセス：西千葉駅北口から徒歩1分

緩行線を走る中央・総武線各駅停車のみが停車する西千葉駅だが、この駅は国立千葉大学西千葉キャンパスの最寄り駅。駅北口方面は千葉大学をはじめ多くの学校が林立する文教地区で、駅前ロータリーや南口の京成電鉄みどり台駅方面に抜ける商店街などは、典型的な学生街を形成している。

約800年の歴史を持つ大日寺の本堂には、本尊の大日如来が祀られている。

松の緑と白亜の山門のコントラストが美しい密乗院「大日寺」。

千葉大学のキャンパスは、西千葉・亥鼻・松戸・柏の葉の4キャンパスに分かれ、大学の本部は西千葉キャンパスにある。駅前の好立地ある広大な敷地は39万平方メートルに及ぶ。この敷地は太平洋戦争前からの陸軍用地（鉄道連隊）で、戦中・戦後は東京帝国大学第二工学部・生産技術研究所の敷地であった。現在も西千葉キャンパスの一角には東京大学生産研究所の敷地が2割ほど食い込んでいる。

文教地区とは言え、近くの千葉経済大学のキャンパス内には、当時は材料廠だった煉瓦造りの建物が残されている。ちなみに隣接する轟町という地名の由来も「軍靴の轟く音」から来ているという。

普段は学生たちだけのキャンパスだが、毎年10月末～11月初旬に開かれる大学祭には、近隣住民も参加して賑わう。この大学祭は1963（昭和38）年の第1回から途切れることなく続いており、県内最大級の大学祭となっている。

10-2

大日寺と来迎寺

千葉氏ゆかりの古寺が…

所在地　千葉市稲毛区轟町

アクセス　西千葉駅から徒歩10分

100坪近い来迎寺本堂には、鎌倉時代からの長い歴史が刻まれている。

千葉大学の裏手に位置する「来迎寺」。2000坪の墓域には桜の巨木が林立する。

西千葉駅から東、轟町の住宅街に、千葉氏ゆかりの2つの古寺、真言宗豊山派「大日寺」と浄土宗智東山「来迎寺」が向かい合って建っている。

大日寺は、千葉氏の菩提寺と伝わる。境内には、本尊の大日如来が安置されている本堂をはじめ、千葉氏累代の墓碑である五輪塔（千葉市文化財）が16基並んでいる。文献などの資料によると、大日寺は文永年間（1264〜75）、千葉頼胤の時代に、源家3代と千葉氏の父祖の菩提を弔うために、下総馬橋（現・松戸市）に創建され、南北朝時代の貞胤の代に千葉に移された。戦前まで千葉神社の南通町公園にあったが空襲で焼失。戦後に墓地ごと現在地に移設された。

来迎寺は、建治2（1276）年に千葉貞胤が建立、一遍上人によって開山された。本尊は、日本三体の一つと言われる木造阿弥陀如来立像で、鎌倉時代の作と見られている。境内には7基の五輪塔（市文化財）が並び、千葉氏胤以下7名の紀年銘が刻まれている。これらの五輪搭は、室町時代初期のもので、氏胤ゆかりの追善供養塔と考えられている。また、来迎寺も戦災で焼失し、戦後に移転された寺で、戦時中までは千葉市道場北町にあった。創建当時は時宗で、修業道場を備えていたので「道場」の地名が残っているという。

橋上駅となった千葉駅は千葉都市モノレール駅とも連絡通路でつながっている。

長い期間をかけて一新された県都の玄関口・千葉駅。現在5路線が乗り入れる。

総武本線②

千葉

所 千葉市中央区新千葉1-1-1
開 明治27（1894）年7月20日
乗 10万5807人

11-1

スイッチバックの解消で移動した「千葉駅」

県都の玄関口・千葉駅は、明治27（1894）年7月、現在地より800メートルほど東側の千葉市民会館周辺に開設された。当時は東京方面から旧千葉駅に到着すると、総武本線は佐倉・銚子方面に直進できたが、房総東線・房総西線(現・外房線・内房線)に向かう列車はスイッチバックする必要があった。これを解消するため、昭和38（1963）年4月、旧千葉機関区にあった現在地に新しい千葉駅が開設された。駅全体がV字状になっているのはその名残である。

旧駅があった千葉市民会館の敷地には、「ここに千葉駅ありき」と刻まれた石碑が建っている。これは明治27年の開通から昭和38年の閉鎖までの70年間の歴史を記念するために、千葉鉄道管理局の有志が建設したも

千葉駅と一体化された「ペリエ千葉エキナカ」へは直接入ることができる。

リニューアルされたJR千葉駅は、県下最大のターミナル・ジャンクション駅。

のだ。

その後千葉駅は、昭和50（1975）年5月に貨物扱いを廃止し旅客駅となり、朝夕の通勤・通学者や買い物客の乗り降りがますます増加。昭和62（1987）年4月に国鉄分割民営化によりJR東日本の駅となり、県下最大のターミナル・ジャンクション駅としての機能を高めていく。そして平成3（1991）年6月に千葉都市モノレール2号線が開業、千葉駅は仮駅だったが、平成7（1995）年8月に1号線が開通し、2号線の乗換駅と1号線の起点駅という2つの役目を担う現在の駅が開業した。

11-2

リニューアルされたJR千葉駅
「ペリエ千葉エキナカ」も一新！

JR千葉駅は、横須賀・総武線快速、中央・総武線各駅停車、成田線、内房線、外房線と5つの路線が乗り入れ、さらに千葉都市モノレール、京成電鉄の千葉駅とも隣接する一大ターミナルだ。しかし、長年使われてきた駅舎は昭和38（1963）年に建てられたもので老朽化。また、乗降客の増加に伴い、乗り換えに複雑で手狭な構造の解消が課題になっていた。

そこでJR東日本は、平成20（2008）年に千葉駅の改修を発表。駅

駅弁の老舗・万葉軒の本社前には、SLの動輪が看板として保存されている。

平成30年6月に全277店舗が勢ぞろいした「ペリエ千葉エキナカ」。

舎を移転して橋上駅にし、コンコースの拡張と千葉都市モノレールなどへのスムーズな乗り換え通路を設置、さらに隣接の駅ビル・ペリエの建て替えも表明した。

工事は平成23（2011）年に着工。5年後の平成28（2016）年11月に駅舎は3階に移転。継いでこの3階部分で、千葉都市モノレールの千葉駅、西口再開発ビルなどの周辺施設と連結させ、駅周辺の回遊性を実現した。コンコースには、天井の高さ最大4メートル、最大幅員約15メートルの吹き抜けが設置され、明るく開放的な空間に様変わりした。そして新駅舎の開業と同時に、改札内には商業施設「ペリエ千葉エキナカ」も一部が先行してオープン。JR東日本の駅構内商業施設「エキナカ」では初となる生鮮3品の店舗をはじめ、和洋各種惣菜の店舗も出店し、千葉と都市型の食が融合した新フードマーケットが登場した。その後、平成30（2018）年6月には、全277店舗が勢揃いした。

11-3

昭和3年から、千葉の味を駅弁に！
JR千葉駅構内の老舗「万葉軒」

〝千葉駅の駅弁〟として有名な万葉軒は、昭和3（1928）年創業という老舗で、国鉄（現・JR東日本）から構内立売営業の承認を受け、「駅

千葉県のシンボル菜の花をイメージさせる「菜の花弁当」もヒット商品だ。

万葉軒のロングセラー「やきはま弁当」は、昭和15年から販売されている。

弁」の製造を開始した。当時の千葉駅は千葉市中央区要町（現在の千葉市民会館）付近に立地していたので、要町でのスタートとなった。

長年培って来たモットーは、「望（お望みのものを）・喜（喜ばれるものを）・楽（楽しいものを）・味（美味しいものを）」で、これが長い間、千葉駅駅弁としての味を引き継いできた原動力になっている。社名「万葉軒」の由来は、「千葉にちなんで千より大きな万で万葉」とのこと。一方で、「万葉集の万葉から銘々されたのでは」という説もあるそうだ。いずれにせよ〝志〟は大きい。

自慢の駅弁は、昭和からのロングセラーと言われる「やきはま弁当（昭和15年に販売開始、千葉名物の焼き蛤がたっぷり入っている）」、「菜の花弁当（千葉県のシンボル菜の花をイメージさせる弁当）」の2品。また、根強い人気商品として、万葉弁当・千葉寿司街道 さんま・元気豚 佐倉味噌漬け弁当・漁り（あさり）弁当などがある（平成30（2018）年5月1日現在）。

長年、鉄道とともに歩んできた万葉軒らしく、本社ビルには金色に塗られたSLの動輪が看板として保存されており、鉄道ファンには知られている

境内に湧く「延寿の井」の御神水を水源とする妙見池に架かる朱塗りの神橋。

千葉神社境内にある「千葉天神」。学問の神様・菅原道真公を祀っている。

11-4

千葉神社

妙見大祭の〝だらだら祭り〟が有名

所在地 千葉市中央区院内1-16-1
アクセス 千葉駅から徒歩10分

猪鼻山の西北約300メートルのところに鎮座する千葉神社は、千葉氏一族の守護神「妙見菩薩」を本尊として祀っている。妙見は、千葉氏の始祖・平良文が上州花園の七星山息災寺から勧請したもので、本来は朝鮮半島から渡来した放牧民の守護神・北辰菩薩のことであり、これを馬飼い武士団の坂東平氏が信仰し、一族に伝え広めたものである。

千葉常重が猪鼻城に本拠地を移した時に現在地に奉祀され、千葉氏歴代の元服儀式はここで執り行われたと言う。千葉常胤に案内されてこの寺を参拝した源頼朝も、旗揚げの際の武運を祈ったと伝えられている。

また江戸時代には、徳川家康がこの神社に参詣して寺領安堵ならびに太刀一振を寄進したとされ、同時に朱印地200石と十万石の格式が与えられた。江戸時代には「北斗山金剛授寺尊光院」と称する真言宗の寺院であったが、明治時代の神仏分離令により寺は廃され神社となり、天御中主命（あめのみなかぬしのかみ）を祀る千葉神社と改称されて今日に至っている。

ネオ・ルネッサンス様式の旧川崎銀行千葉支店の建物を保存した千葉美術館。

平成2年に建設された千葉神社の新しい社殿は2階建て。階段で行き来できる。

厄除開運の妙見さまの総本宮で、日本で唯一、上下に拝殿を有する重層社殿には全国から参拝者が訪れる。また、毎年8月に7日間催される「妙見大祭」の〝だらだら祭り〟は、この神社の名物行事で、地元の老若男女が参加し、神輿と太鼓を繰り出して賑わう。広大な境内にある「亀岩」や「妙見延寿の井」はパワースポットとして人気が高い。

11-5

建物そのものが見どころになる
千葉市美術館

所在地 千葉市中央区中央3-10-8
アクセス 千葉駅から徒歩15分

中央区役所との複合施設として設計され、平成6（1994）年に竣工した千葉市美術館は、新旧の建物が一体となってユニークな文化創造の場を提供している。その特徴は、昭和2（1927）年竣工の「旧川崎銀行千葉支店」の建物が、新しいビルの内部に包み込まれるようにして復元保存されていることだ。

旧川崎銀行千葉支店は、関東大震災で焼失後、鉄筋コンクリート造りの耐震耐火構造で建てられており、この歴史的建造物を保存する方法として、中尊寺金色堂と同じ「鞘堂方式」、つまり古い建物をそのまま抱き

全国の中でも古い伝統を持つプロテスタントのキリスト教会の一つ、千葉教会。

千葉美術館は、千葉市中央区役所との複合施設になっている。

込む建築方法が採用されたのだ。このためホールは「さや堂ホール」と称して使用されている。このホールは8本の円柱が並ぶネオ・ルネサンス様式の空間で、昇降舞台に折畳み椅子を並べれば、コンサート会場としても利用できる。

展示室は7階と8階で、江戸時代の絵画や浮世絵から現代美術までをコレクションし、独自の切り口で企画される展覧会も人気が高い。さらに図書室やミュージアムショップ、レストラン、各種貸し出しスペースなど、様々な機能を持つ都市型美術館としての機能も持つ。何より、美術館の建物そのものが見どころとして知られている。

11-6

明治期の貴重な木造建築物で県指定有形文化財

千葉教会

所在地 千葉市中央区市場町9-20
アクセス 千葉駅から徒歩20分

千葉教会は、明治12（1879）年に宣教を開始した、千葉県はもちろん、日本全国でも最も古い伝統をもつプロテスタントのキリスト教会のひとつだ。ゴシック風の教会堂は、国指定重要文化財の同志社クラーク記念館（旧クラーク神学堂）を設計したドイツ人建築家リヒャルト・ゼー

駅から徒歩5分の好立地にある、県のアンテナショップ「チーバくん物産館」。

明治期に建てられた千葉教会堂。設計はドイツ人ゼールで、県指定有形文化財。

ルが明治28（1895）年に手がけたもの。空襲で市内の建物のほとんどが焼失した中、現存する明治期の貴重な木造建築物として、県の有形文化財にも指定されている。

当初は、現在の塔屋の位置にベルを備えた塔屋があったが、明治44（1911）年7月の台風で崩れ、その後現在の姿になった。建築当初の教会堂の模型は、千葉県中央博物館に所蔵・展示されている。プロテスタントゆえ素朴な洋館だが、尖塔・鐘楼をもって天を高く目指し、縦長の大窓から光を取り入れて天国の明るさを写す、というゴシック様式に従っており、大窓の上部もゴシック様式に特有な装飾が見られる。平成20（2008）年には、基礎部分の補強を含めた大改修を行い、鐘楼は欠くものの建築当時の姿に近いものに復元されている。

11-7

千葉県のアンテナショップ
チーバくん物産館

所在地 千葉市中央区富士見1-12-16 NTT富士見ビル1階
アクセス 千葉駅から徒歩5分

千葉県の特産品を扱うアンテナショップとして、千葉駅近くにオープンした「チーバくん物産館」は、県内各地から取り寄せた、郷土の特産品

千葉県のマスコットキャラクター「チーバくん」のグッズも豊富に揃う。

館内には県内各地から取り寄せた千葉の特産品などがところ狭しと並んでいる。

が集結した展示即売場。千葉名物の落花生は、殻付き落花生のほか、加工品のゆで落花生やピーナッツみそ、落花生のお菓子などが揃っている。また、醤油の街・野田の本仕込み醤油や、成田市名物の鉄砲漬け、船橋の石焼のり、房州産のびわゼリーやくじらの佃煮、鯛の浦名物の鯛せんべいなど、千葉ならではの土産もズラリ並ぶ。

店舗名になっている千葉県マスコットキャラクター「チーバくん」のグッズも豊富だ。また、丸柄で半円の美しい格子模様が特徴で、「日本三大うちわ」の一つに数えられる房州うちわもある。このほか、県指定伝統工芸品の人形やグラスビーズバッグ、太鼓のほか、陶沁焼や提灯、扇、踊り傘などの和の心を感じられる工芸品も大集合。県内各地の観光情報パンフレットも多数置かれている。9時〜19時 無休。

四街道

所 四街道市四街道1-1-1
開 明治27（1894）年12月9日
乗 2万2053人

ガス灯通りのメインは、桜の花びらをデザインに使った「2灯式」のガス灯だ。

平成28年4月から、一部のガス灯は残して最新のLED照明に切り替わった。

12-1

LED化で新たな町のシンボルになったガス灯通り

四街道市めいわ地区のガス灯の数は日本一！

所在地　四街道市めいわ地区
アクセス　四街道駅から徒歩20分

ガス灯のある街並み…というと、北海道の小樽運河沿いや横浜の馬車道通りなどが思い浮かぶが、これらのガス灯の数は60基ほどだ。ところがＪＲ総武本線の四街道駅から南へ約１キロに位置する、四街道市めいわ地区の通りに設置されているガス灯は２２８基もあり、ガス灯の数では日本一だ。

かつてのめいわ地区は、田んぼと山林の地域であったが、昭和60（１９８５）年に千葉市や東京都心に通勤する人たちのベッドタウンとして開発（約80ヘクタール、計画人口８０００人）がスタート。「他にはない魅力をアピールする」目的で、全長１・６キロの街道沿いに２２８基のガス灯が設置された。その内訳は、四街道市の花である桜の花びらをデザインに使った「２灯式」（１２８基）と、交差点にある「３灯式」（38基）、歩行者専用道路の「レトロデザイン」（62基）の３種。そして、平成４（１９９２）年の点灯以来、住民たちに親しまれ、遠方からわざわざ見

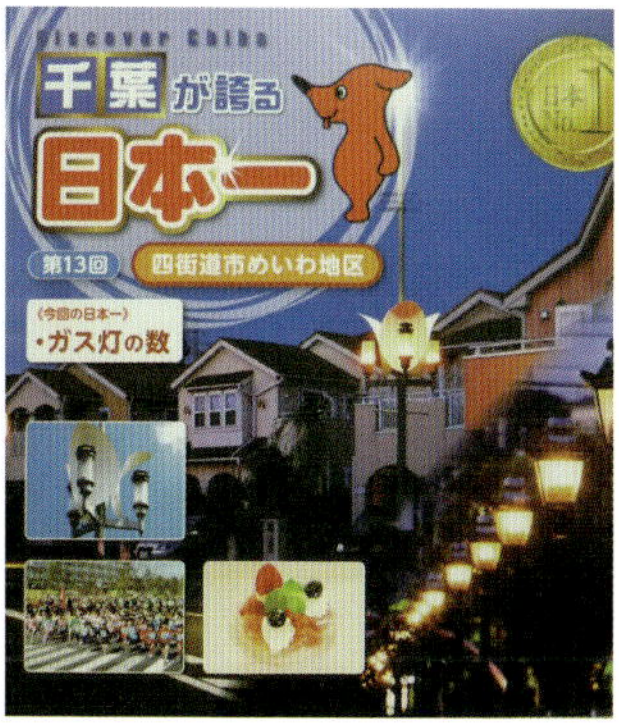

に来る人もいるほどの名物となった。

しかし、町のシンボルだったガス灯も、時代とともに「照度が足りないため、安全性に欠ける、維持費が通常の電気灯に比べると高額」などの問題が顕在化。外観は残し、灯部を最新のLED照明に切り替える計画が進む。そして、平成28（2016）年4月から一部のガス灯を残し、その多くはLED化された。これまでの情緒あふれる景観はそのままに、夜間の歩行も安心の明るく美しい光は、街の新たなシンボルになっている。

ガス灯の下を走り抜ける「四街道ガス灯ロードレース」

四街道市では、街の名所にもなっているガス灯通りを駆け抜ける「四街道ガス灯ロードレース大会」を企画。毎年、街路樹が色づき、228基のガス灯と相まってロマンティックな雰囲気が漂う秋に開催している。21回目になる今年の開催予定は、平成30（2018）年11月18日（日）。子どもから大人まで自分に合ったコースがエントリーできるのが特徴。10キロから1.2キロまでの4コースと24部門が設定され、車椅子などの部門もある。参加者と沿道で応援する人たちが一体となって、感動的なレースが繰り広げられるのが恒例で、当日は参加者だけでなく、応援する人にも味噌汁が提供される。日本一のガス灯道りが舞台だけに、県内外から参加者が集まってくる。

☎ 043-424-8926（四街道ガス灯ロードレース大会実行委員会事務局）

中世城郭を原型とした平山城だった佐倉城。その城址に残る緑に覆われた堀割。

格式ある武家屋敷など、かつての城下町の面影が色濃く残っている佐倉の町。

佐倉

所 佐倉市六崎235-2
開 明治27（1894）年7月20日
乗 1万207人

13-1

武家屋敷など城下町の面影が残る 町全体が博物館の「佐倉」

所在地 佐倉市宮小路町57
アクセス 佐倉駅から徒歩15分

房総屈指の城下町と言われて来た佐倉市は、今も古き歴史と文化の面影を色濃く残している。市の中央を流れる鹿島川脇の台地にある佐倉城址公園は、桜の名所として知られ、本丸跡や二の門跡、三の門跡近くにある約750本の桜はほとんどがソメイヨシノで花見の時期には多くの人で賑わう。

この地に佐倉城が築かれたのは江戸時代初期の元和2（1616）年頃。藩主土井利勝によって築城された。城を防御するため道は狭く、見通しのきかない直角の曲がり角を数カ所造るなど、城下町の基礎はこの頃に造られている。現在武家屋敷は10棟ほど残っており、市内宮小路町では復元公開している3棟の武家屋敷があり、中に入って見学もできる。

＊佐倉は、成田線（145ページ）にも掲載

八街地域の土壌は、水はけが良い砂土なので落花生の栽培に適している。

八街駅の北口に建てられている、この街のシンボル「落花生のモニュメント」。

八街

やちまた

所 八街市八街ほ237
開 明治30（1897）年5月1日
乗 5854人

14-1

国内で唯一、落花生専門の公的機関を持つ
千葉県特産「落花生」の主産地

　下総台地の中央に位置する八街市は、千葉県の特産である落花生の主産地として知られる。地域の土壌が水はけの良い砂土で、落花生の栽培に適しているからだ。そのシンボルとして、八街駅の北口には平成17年に建てられた落花生のモニュメントがある。千葉県に落花生が導入されたのは明治9（1876）年。八街市に隣接する山武市で農業を営む牧野万右衛門氏が神奈川県中里村（現・二宮町）で種を入手し栽培したのが始まりだ。八街に落花生が栽培されるようになったのは明治29（1896）年からで、明治の末期からは急激に発展。大正時代の初めには特産地として定着する。

　また八街市は、昭和33（1958）年に国内で唯一の落花生専門の公的機関「千葉県農業試験場落花生生育種研究室」を設置。落花生の研究や品種改良に取り組んでいる。この機関は平成13（2001）年に千葉県農林

成東駅の構内には、成東町が建立した安井理民をたたえる「魁の碑」が建つ。

収穫した落花生を自然乾燥させるために畑に積み上げたものを“ボッチ”と呼ぶ。

総合研究センターと改称し、「落花生試験地」の名のもと、現在も品種改良に努めている。

これまで生産農家や加工業者たちと連携しながら、15品種の落花生を育成してきたが、平成22年には新たな品種としてジャンボ落花生の「おおまさり」を登録した。この落花生は粒が大きく、甘みがあるのが特徴で千葉県産落花生のブランド力をさらに高めた。

成東

所 山武市津辺３０５
開 明治30（１８９７）年5月1日
乗 ２８９２人

15-1

千葉県初の鉄道開設に生涯を捧げた 安井理民をたたえる「魁の碑」

所在地 山武市津辺３０５
アクセス 成東駅前

東金線の分岐点となる成東駅構内の一角に「魁（さきがけ）」と刻まれた立派な石碑が建っている。この碑は、県下の鉄道誘致運動に一生を捧げ、若くして亡くなった安井理民の顕彰碑。昭和46（１９７１）年に町が建立した。

波切り不動院（長照寺）の立派な山門。屋根付きで朱色の鮮やかさがひと際目立つ。

成東の町並みが一望できる石塚山中腹には波切り不動院(長勝寺)がそそり立つ。

理民は、安政6（1859）年、成東町の素封家・安井家に生まれた。そして19歳で戸長（現在の町長）を務めて町政を担ったという。理民の夢は千葉県に鉄道を敷き、郷土の発展を図ることであった。

理民は同志とともに、明治22（1889）年1月、総武本線の前身となる総武鉄道を設立。利根運河との競合を避けた別ルートを申請してようやく鉄道敷設の許可を得る。しかし、鉄道開通への苦闘で理民は財産を使い果たしただけでなく、無理をし過ぎて病に倒れ、明治27（1894）年2月に36歳で死去。遺志は同志らの手に委ねられた。そして理民の死からわずか数か月後の明治27年7月に市川〜佐倉間が開通、県内にはじめて汽車が走った。さらに明治30（1897）年5月には佐倉〜成東、同6月に成東〜銚子間が開通。汽車は東京から銚子までを4時間で走り抜け、沿線の人々を驚かせた。

成東（現・山武市）は、江戸時代中期に上総道学が始まったところで、この道学は「誰も行わなかった行動を起こし、世に役立てる魁（さきがけ）の心」を教えた。碑の「魁」はこれに由来するものだ。

*成東は、東金線（137ページ）にも掲載

栗山川は、成田市桜田地区付近より山武郡横芝光町の屋形地区で太平洋に注ぐ川だ。サケが自然遡上する川の中で最も南に近い川として知られている。

横芝 よこしば

所 山武郡横芝光町横芝1360-2
開 明治30(1897)年6月1日
乗 1406人

16-1

鮭の稚魚放流で知られる「栗山川」

九十九里自然公園の中央に位置し、千葉市から約40km、新東京国際空港から約20kmの距離にある横芝光町。町の総面積は66・91km²で、東は匝瑳市、西は山武市、北は山武郡芝山町、香取郡多古町に隣接し、古代文化のふるさととして知られている。

横芝駅近くを流れる栗山川には、毎年、鮭の稚魚を放流し、これまでに多くの鮭が川に戻ってきている。役場では、各家庭でサケの稚魚を卵から育ててもらい、それを放流してもらう「サケの里親事業」を推進していたが、残念ながらこの事業は今年で終了してしまった。川に戻ってきたサケを捕獲し、人工受精で卵をふ化させ、稚魚を育てて翌年の春に川に放していた「サケの里親事業」は、地元の横芝町、光町、栗山川漁業組合が中心になって行っていた。また再開される日が待たれる。

鬼来迎は毎年８月、広済寺の施餓鬼会の後に鬼来迎保存会の人たちによって演じられる。

地獄の様相と菩薩の救いを仮面狂言にした「鬼来迎」(国の重要無形民俗文化財)。

16-2

広済寺に伝わる 日本唯一の仏教劇「鬼来迎《きらいごう》」

所在地 山武郡横芝光町虫生４８３

アクセス 横芝駅から徒歩40分（タクシーで約10分）

広済寺は、新義真言宗智山派の寺院で山号は慈山。開山は石屋和尚と言われている。その和尚が当地の辻堂で一夜を明かしたとき庭前がうるさいので、見ると新しい墓に向って鬼が妙西信女を呼び出し、折檻する光景を見た。広隆寺はこの話を聞いた、妙西信女の親・椎名安芸守が、娘の菩提を弔うために建立したのが始まりだと言われる。年中行事として開山の由来を語る、鬼舞とも呼ばれる「鬼来迎」がある。国の重要無形民俗文化財だ。

鬼来迎は、地獄の様相と菩薩の救いを仮面狂言にした日本唯一の民俗芸能。地獄を再現し、仏教の因果応報思想を表したもので、大変珍しい仏教劇。その由来は、鎌倉時代の初期後鳥羽院の時代に遡るという。毎年8月16日に広済寺の施餓鬼（せがき）会の後に、鬼来迎保存会によって演じられている。

大浦ごぼうは、成田山新勝寺の精進料理「坊入り膳」の食材として使われる。

大浦ごぼうは長さ1メートル、重さ4～5キログラムもある巨大ごぼう。

八日市場

所 匝瑳市八日市場イ108
開 明治30（1897）年6月1日
乗 1861人

17-1

成田山新勝寺の精進料理に使われる 日本一巨大な「大浦ごぼう」

ごぼうの原産地はユーラシア大陸北部、ヨーロッパから中国にかけてで、日本へは平安時代に中国から薬草として伝わったと言われている。その後、食用として改良し、多種多様な調理で日常的に食べているのは日本ぐらいで、日本が統治していた朝鮮半島や台湾、中国の東北部以外は食材にしない。太平洋戦争中に外国人捕虜が「木の根（ごぼう）を食べさせられて虐待された」と主張。日本人将校が戦犯として裁かれたりもした。中国では主に漢方薬として使われている。

食用にされるごぼうは日本固有の純粋栽培種で種類は少なく、大別すると長根種と短根種の2種類。千葉県内では長根種では「柳川理想」、短根種では匝瑳市特産の「大浦ごぼう」が有名だ。

中でも大浦ごぼうは長さ1メートル、胴回り30センチ、重さ4～5キログラムの巨大ごぼうで、市の指定記念物。200年余り前に匝瑳市の

植木の町だけに、毎年5月の連休には「匝瑳市植木まつり」が開催される。

匝瑳市の至るところで目につく「マキ塀」。マキは市の木でもある。

前身である八日市場市大浦村の一角で自生するのを発見。改良を重ねて現在の大浦ごぼうになったという。今では成田山新勝寺の「坊入り膳」と呼ばれる精進料理の食材で、新勝寺との契約栽培のため市場にはほとんど出回らない。朝市などに規格外品や含め煮にした加工品が若干売られていることもあるそうだ。

別名「勝ちごぼう」と呼ばれる。語源は、天慶2（939）年、平将門の乱を平定するために赴いた藤原秀郷が新勝寺で祈願し、大浦のごぼうを不動明王に備えたところ、戦に勝利したことが由来と言われている。

17-2

植木の生産量、樹種も全国屈指

日本有数の植木のまち「匝瑳市」

平成18（2006）年に、旧八日市場市と旧野栄町が合併して誕生した匝瑳市は、日本有数の植木の町として知られている。千葉県は植木の出荷額（平成25年は74億）が全国1位だがその約半分を匝瑳市が担っている。

同市の植木生産は明治時代に始まり、大正時代に産地として本格化した。病害虫や寒さに強いイヌマキが看板品目で、これは現在でも変わら

日蓮宗または法華宗の学問所として294年の歴史を持つ、飯高壇林跡の飯高寺。

市の指定天然記念物で、幹周りが10メートルもある「安久山のスダジイ」(椎の木)。

ない。また枝にノミを入れて自由に枝を曲げる伝統技術で仕立てる造形銘木も開発している。千葉県では、伝統的な植木造形技術と知識に優れた職人を「植木伝統樹芸士」とする制度を平成14（2002）年から制定。さらに技術を駆使した植木を「植木銘木100選」に認定しているが、どちらも半数以上が匝瑳市の職人、植木が占めている。

市内を歩くと、市の木でもあるマキを使った「槇塀」が至るところで目に付く。槇塀というのは砂塵除けや防風林としても効果的な生け垣で、高さ7メートルの槇塀もある。また匝瑳市は、長い歳月を生き抜いてきた巨木がたくさんある町としても有名だ。中でも飯高地区にある「安久山のスダジイ」は圧巻。市の指定天然記念物で幹周りが10メートルにもなる、全国でも有数の大きさを誇るシイの木だ。市内松山集落の松山神社には、社殿の手前に高さ約35メートル、根回り17メートルの県内最大級(有形文化財)の御神木がある。推定樹齢800年を誇る大杉で、その漲る生命力を目当てに訪れる人も多く、県内でも有数のパワースポットになっている。このほかの見どころとしては、飯高壇林跡の飯高寺が有名だ。

日本有数の植木の町として知られる匝瑳市。植木職人の造形技術も素晴らしい。

匝瑳市の職人による造形樹が人気
植木の輸出額でも千葉県は日本一！

近年、植木や盆栽の輸出が増加の傾向で、主な輸出先は中国・香港・台湾などの東南アジア、欧州だ。この植木輸出高で日本一を誇るのも千葉県で、平成24（2012）年の花卉輸出額は86.2億円。このうち大部分が植木・盆栽となっている。中でも匝瑳市の植木栽培職人が高い技術を発揮した造形樹は定評がある。特に中国にはマキの造形樹の需要が高い。中国ではマキを「羅漢松（らかんしょう）」と呼び、幸せの樹木としている。職人によるうねった枝は、まるで龍のようで縁起が良いと富裕層に珍重されているのだ。欧州でも日本庭園を持つ富裕層たちに植木の需要が増加。イタリアやオランダなどでは、ツゲやキャラなどの小・中型樹が「盆栽」として人気を呼んでいる。

光台寺の境内にある助五郎の墓。地元では善玉の親分として語り継がれている。

椿海干拓地の主要駅である旭駅。駅舎は昭和41年に完成、駅前も整備されている。

旭

所 旭市ロ677
開 明治30（1897）年6月1日
乗 1793人

18-1

講談「天保水滸伝」では笹川繁蔵が善玉 飯岡助五郎は本当に悪玉だったのか？

江戸時代後半の天保時代、下総の利根川周辺で縄張り争いをしていた飯岡助五郎一家と笹川繁蔵一家。これを講談化した「天保水滸伝」が人気に火をつけ、浪曲や歌舞伎にも取り入れられた。講談では、繁蔵が悲劇の若親分で善玉、助五郎は悪知恵と権力を振りかざす悪玉という図式で描かれている。助五郎が繁蔵よりも15歳年上で、二人が知り合った当初は、どちらも相撲取り上がりという共通点があり関係は極めて良好だった。しかし、助五郎が関八州見回り役人を道案内するために十手取縄を託され、二足の草鞋を履くようになると、両者の関係がだんだん悪くなる。また繁蔵の勢力が拡大し、助五郎の縄張りを脅かすようになると、両方の子分たちによる抗争も多くなった。

天保15（1844）年、幕府から繁蔵逮捕の命を受けた助五郎は子分を連れて繁蔵のもとに赴くも、返り討ちにあい大敗（大利根河原の決闘）。

浄土真宗の寺・光台寺。江戸の桜田にあったが、旭市飯岡地区に移されたという。

飯岡助五郎は、飯岡の漁業振興などにも精を出したという。写真は飯岡漁港。

この一件で幕府は助五郎を見限り、助五郎は投獄され、自分の身を案じた繁蔵は奥州方面に逐電した。そしてほとぼりが冷めた頃に故郷に帰った繁蔵は、助五郎の子分3名に闇討ちされて絶命する。親分を失った笹川一家は次第に追い詰められ、一家は消滅した。

この闇討ちで繁蔵を葬り去ったことで助五郎は汚名を着るが、飯岡の寺に繁蔵を秘密裏に葬り、死ぬまで香華を絶やさなかった、と言われる一面もある。また、飯岡の漁業振興などにも精を出し、災害復旧活動にも尽力。地元では悪玉親分のイメージはない。侠客は非業の死を遂げる中、助五郎は67歳で病没。晩年は好々爺で、畳の上で死んだ侠客でもあった。

18-2

飯岡助五郎の墓がある「光台寺」

所在地 旭市 飯岡1524

アクセス 旭駅からバスで「下永井」下車徒歩7分

光台寺は、現国山と号する浄土真宗の寺院。もともとは江戸の桜田にあったが、慶長年間（1596～1615年）に旭市飯岡地区に移転された。境内には、天保水滸伝の立役者・飯岡助五郎の墓がある。天保水滸伝では悪人扱いされた助五郎だが、地元では善玉の親分として語り継がれている。

下総の国・飯岡には、「座頭市物語発祥の地」の碑もある。

定慶寺にあるという、助五郎の相手、笹川繁蔵の首塚。境内に首洗い井戸も残っている。

18-3

笹川繁蔵の首塚がある「定慶寺」

所在地 旭市飯岡2110

アクセス 旭駅からバスで「玉崎神社」下車徒歩5分

光台寺より少し離れた場所にある定慶寺には、助五郎との縄張り争いで殺害された、笹川繁蔵の首塚がある。昭和7（1932）年に銚子市の市制施行で本銚子町の道路を改修した際、ある墓地から繁蔵の胴体だけが見つかり、死後80年ぶりにやっとつながり、改めて定慶寺内に首塚を建立して霊を慰めたと言われている。境内には首洗い井戸も残っている。

講談「天保水滸伝」などでは、笹川繁蔵が善玉、飯岡助五郎は悪玉として描かれている。

銚子漁港に隣接する銚子ポートタワー。展望台からは太平洋の大海原が望める。

年間水揚げ量日本一の銚子漁港。豊漁と全国から集まる漁船で活気づいている。

銚子

所 銚子市西芝町1438
開 明治30（1897）年6月1日
乗 3203人

19-1

年間水揚げ量が6年連続日本一
豊漁で発展する「銚子漁港」

所在地 銚子市川口町2丁目
アクセス 銚子駅からバスで「銚子観音」下車、徒歩5分

利根川の河口に位置する銚子漁港は、江戸時代から利根川を利用して全国の産物を江戸まで運ぶための中継商港として栄えてきた。

沖合いでは、北から親潮、南から黒潮が激しくぶつかり合い、その潮目で魚のエサとなるプランクトンが多く発生。また太平洋に注ぐ利根川からも豊富な栄養が運ばれるため、マダイ、カツオ、マグロ、イワシ、サンマ、サバ、メカジキ、ブリ、アジ、ヒラメなど、魚の種類が豊富。これらの魚を取扱う魚市場も銚子漁港の整備に伴い、第1・第2・第3卸売場と整備拡充が図られており、全国有数の漁港に発展した。平成28（2016）年の水揚げ量は27万5577トンで、2位の焼津漁港を10万トン近く上回り、6年連続の年間水揚げ量日本一となった。サバやイワシの豊漁が寄与したという。

醤油産業の盛んな銚子の町を歩くと醤油の香りが漂ってくる。

銚子沖で育まれたキンメダイは、1年中脂の乗りが良いことで知られている。

豊漁と全国から集まる漁船で賑わう銚子漁港は、観光地としても人気を集めている。漁港は3つの卸売市場で構成されているが、第1卸売市場では主に生マグロが水揚げされ、入札の様子が見学できる。直売所では新鮮な魚が食べられる。第2・3卸売市場では、サバやサンマ、イワシなどが水揚げされており、ここも予約すれば見学可能だ。漁港周辺には漁師のために朝早くから営業している食堂があり、セリを見学してから朝食をとる観光客も多い。

漁港に隣接して、銚子ポートタワーがあり、港の眺望が楽しめる。隣の水産物卸しセンター・ウオッセ21では、銚子漁港で水揚げされたばかりの魚が販売されている。

19-2

大がかりな改修工事で整った流路
利根川が支えた銚子の醤油業

千葉県は醤油出荷量の日本一を誇る。平成25（2013）年の千葉県の醤油出荷量は28万2437キロリットルで、第2位の兵庫県は11万8298キロリットルと、2・4倍もの差をつけている。なにしろ県内には2大生産地の野田と銚子が存在する。いずれも日本を代表する醤

銚子の醤油業を支えたのは利根川の存在。写真は空樽を満載した高瀬船。

江戸時代から醤油業が盛んだった銚子。「大日本物産図会下総醤油醸造之図」。

油メーカーの拠点で、野田にはキッコーマンやキノエネ、銚子にはヤマサの本社がある。かつては銚子に本社があったヒゲタも、本社は東京に移ったものの、工場や営業所は銚子にある。

千葉県の東西に分かれる二つの町が醤油産業の中心になった理由は、利根川と江戸川という水運に恵まれたことが大きい。利根川の河口にある銚子の場合、港で荷揚げした荷物をそのまま利根川を遡って江戸へ届けることができた。利根川を遡上する時には、高瀬舟という比較的大きな川船が使われたが、これが航行できたのは徳川家康が〝坂東太郎〟と呼ばれていた暴れ川の利根川の整備を行ったからだ。寛永年間（１６２４～１６４３）、現在の流路に整えられ、江戸を洪水から救うとともに、川幅を広げて大型船を通りやすくし、江戸～銚子間の利根水運も開かれた。

銚子も東北地方の米などを江戸に運ぶ重要な中継港としてますます発展。また、利根水運の隆盛を背景にして、漁業はもちろん、醤油醸造も飛躍的に伸ばすことができた。水運に恵まれたことで、大豆や小麦、塩といった醤油の原料の入手が容易となり、完成した商品を大消費地の江戸に運ぶことができたからである。

ヒゲタ醤油の前身、銚子醤油の初代社長：濱口吉兵衛氏の銅像。

本社は東京に移ったが、工場は銚子にあるヒゲタしょうゆ。工場見学もできる。

19-3

本社は東京、工場は銚子に

ヒゲタ醤油工場見学

所在地▶銚子市八幡町516
アクセス▶銚子駅から徒歩12分

元和2（1616）年、銚子に創業した田中玄蕃の伝統を受け継ぎながら、醸造法など時代に合わせた内容で躍進するヒゲタ醤油。昭和14（1939）年に本社を東京・日本橋に移転させ、昭和51（1976）年にかつての「銚子醤油」をヒゲタ醤油に社名変更した。この社名は、創業者の名を表した「田」の四隅にヒゲがついたようなトレードマークに由来する。

工場見学（要予約）は、これらヒゲタの歴史と伝統のこだわりを知るよいチャンス。平日は、映画上映から工場・史料館・フレスコ画を見学。休日は、映画上映から史料館・フレスコ画を見学する。いずれも昔と今の造り方を比較しながら各工程について学べる。フレスコ画は、ヒゲタの「天・地・人」の精神を元にした、江戸と現代の繋がりを描いたもの。

工場見学は9時～12時、13時～16時。ヒゲタ史料館は9時～16時、入場無料、年末年始休み ☎0479-22-0080

市内各所に３万体のひな人形が並ぶ かつうらビッグひな祭り

外房に春を告げる行事として、平成 13（2001）年から行われている「かつうらビックひな祭り」は、先にビックひな祭りを開催していた、徳島県勝浦町から７千体の人形を譲り受けて始まった。市芸術文化交流センター・キュステや勝浦中央商店街など、市内各所に、全国各地から計３万体のひな人形が飾られる。特に人気なのが、市内中心部にある遠見岬神社で、石段 60 段に約 1,800 体のひな人形が飾りつけられ、夕暮れにはライトアップして幻想的な演出も行う。その壮観さは、見る人々を圧倒する。

開催場所：勝浦市浜勝浦１ほか
アクセス：遠見岬神社は勝浦駅から徒歩 10 分、
　　　　　市芸術文化交流センター・キュステは徒歩 15 分

人が集まるハレの日のごちそう 千葉の郷土料理「太巻きずし」

太巻きの作り方を講習会で教える龍﨑英子さん。

色彩豊かな細工寿司で、凝った絵柄が入るのが特徴

巻きずしといえば、節分の日の恵方巻が知られている。一般的な具はかんぴょう・卵焼き・デンブ・胡瓜などだ。しかし千葉の太巻きずしは色彩豊かな細工寿司で、凝った絵柄が入るのが特徴。まさに芸術品だ。

「具を芯にして巻く」という技法を原点にした太巻きずしは、江戸時代末期から地域の集まりの際のごちそうとして受け継がれてきた。時代が移り、卵や砂糖、豊かな具の材料が登場すると、太巻きずしの表現方法は繊細かつ多彩になり、凝った文様（模様）が描かれるようになった。

昭和 30 年頃から千葉県伝統郷土料理研究会を主宰する龍﨑英子さんは、その見事な文様と素朴な味に感動。以来、発祥地の上総や安房を訪ねて伝統技術を調べ、本（房総の太巻き祭りずし）にまとめ上げた。

撮影：明角 和人

農産物や海産物の食材を使う、千葉ならではの郷土料理

龍﨑さんの話によると、当時、地域には「名人」と呼ばれた男性の巻き手がおり、見事な技でハレの日を祝う人々を喜ばせていたという。しかし、徴兵などで名人たちが激減。その伝統は途切れてしまった。そして戦後、「房総地方独自の太巻きずしの伝統」を守るべく立ち上がったのが、農家の女性たちだった。

全国有数の米どころで収穫された「千葉のお米」と、東京湾で養殖された「江戸前のり」、卵焼きの「鶏卵」、具となる「葉物野菜や漬物」など、千葉の恵みを使用した「太巻き祭りずし」は、冠婚葬祭など地域の行事食として復活した。千葉県伝統郷土料理研究会では、太巻き祭りずしを次世代に伝えるため、現在も講習会を開いて伝承に努めている。

公園の一角には家康が鷹狩り途中に喉を潤した泉、「お茶の水」の跡が残されている。

亥鼻城は千葉市発祥の地。園内には守護神として祀られた"神明社"が鎮座する。

外房線 本千葉

所 千葉市中央区長洲1-30-1
開 明治29（1896）年2月25日
乗 1万1258人

20-1

千葉発祥の地と伝わる「亥鼻公園」

所在地 千葉市中央区亥鼻1-6-1
アクセス 本千葉駅から徒歩15分、千葉モノレール県庁前駅から徒歩5分

平成30（2018）年は、「千葉」の礎を築いた千葉一族の中興の祖、千葉常胤の生誕900年にあたる。亥鼻公園ではこれを記念して、同年3月、例年よりも盛大な「千葉城さくら祭り」（第17回）が開催された。

亥鼻公園は、常胤の父・常重が太治元（1126）年に居館を構えた、いわば千葉市発祥の地と伝わる。常重は、鎌倉幕府を開いた源頼朝の重鎮であった。

昭和34（1959）年に歴史公園として整備され、ほぼ現在の形になった。昭和56（1981）年には庭園が整い、一角には本格的な造りの茶室

千葉市立郷土博物館(千葉城)の前には、馬に乗る千葉常胤の銅像が建っている。

公園に隣接して、天守閣を模した千葉市立郷土博物館(通称・千葉城)がある。

&茶店「いのはな亭」が開設した。緑豊かな一帯には、「千葉市立郷土博物館」「千葉県文化会館」「千葉県立中央図書館」などが点在、〝文化の森〟とも呼ばれている。また、園内にはソメイヨシノが約100本あり、桜の名所としても知られる。毎年、春には「千葉城さくら祭り」が開催されている。

20-2

天守閣型の博物館
「千葉市立郷土博物館」

所在地　千葉市中央区亥鼻1-6-1
アクセス　本千葉駅から徒歩15分、千葉モノレール県庁前駅から徒歩13分(千葉駅からバスで「郷土博物館」下車徒歩3分)

亥鼻公園内の猪鼻山上にそそり立つのが、天守閣型博物館「千葉市立郷土博物館」だ。模擬城で〝千葉城、猪鼻城〟と呼ばれる本館は、鉄骨鉄筋コンクリート造りの4層5階、地下には古文書などを収める収蔵室もある。もともとは、昭和42(1967)年4月に観光課の所管施設「千葉市郷土館」として開館し、昭和58(1983)年4月に現在の館名に改められた。

1階から4階までは展示室で、スロープ沿いに千葉市の歴史年表があ

日本の都市公園100選に選定されている自然がいっぱいの「昭和の森公園」。

千葉市内の公園としては最大規模の敷地で、初夏にはツツジの満開も楽しめる。

る1階は、季節展示のフロア。2階は特別展や企画展のフロア。ここには千葉常胤の木像（安西順一作）や千葉氏代々の月星の紋を打った甲冑一式が常設展示されている。3階は、千葉市の礎を築いた千葉氏関連の展示フロア。土日にはボランティアによる展示解説も行われている。4階は千葉氏の近現代について紹介するフロア。5階は展望室で、市街地が一望できる。平成22（2010）年にはプラネタリウム室も追加された。開館時間は9時～17時まで（入館は16時30分まで）。休館日は月曜日で祝日に当たる場合は翌日が休館。入館は無料。

＊蘇我は、京葉線（184ページ）に掲載

土気《とけ》

所 千葉市緑区土気町1727-1
開 明治29（1896）年11月1日
乗 1万3390人

21-1

日本の都市公園100選にも選定された 市内最大規模の総合公園「昭和の森」

所在地 千葉市緑区土気町22

アクセス 土気駅南口からバスで「昭和の森西」下車、徒歩5分
土気駅から徒歩30分

地上から16m上の大きな岩の上にそびえる笠森観音堂。四方懸づくりも圧巻。

親子田んぼ教室もある「昭和の森」。写真は、田植えの準備ができた田園。

面積105・8ヘクタール、南北2・3キロメートル、東西0・8キロメートルの規模で、東京ドーム23個分という広大な敷地を持つ「昭和の森」は、市内最大、県内でも有数の規模を誇る千葉市の総合公園だ。

敷地の一部が県立九十九里自然公園に指定され、良好な自然環境が残されているため、3月～4月には菜の花や桜、5月～6月上旬にはツツジやサツキ、6月～7月は花菖蒲とアジサイ、また、6月～8月までは睡蓮などの花々が季節ごと楽しめ、野鳥や昆虫など多くの生き物も見られる。海抜101メートルの展望台からは、九十九里平野と太平洋の水平線が一望できる。平成元（1989）年には「日本の都市公園100選」に選定された。

ユースホステル、キャンプ場、野球場、テニスコート、サイクリングコース、ウォーキングコースなどの施設もある。また、ローラーすべり台と4つの塔、18点の遊具が連続するアスレチックコースも完備している。千葉国際クロスカントリー大会の会場でもある。

＊大網は、東金線（133ページ）に掲載

茂原

所 茂原市町保1
開 明治30（1897）年4月17日
乗 1万1265人

ふだんは緑一色の風景だが、秋の御開帳などの時は華やかになる笠森観音堂。

楠の穴をくぐると子供が授かるという観音堂。穴の向こうには子授観音が立つ。

22-1

日本唯一の建築様式で国の重要文化財に
四方懸づくりの「笠森観音堂」

所在地▶長生郡長南町笠森302
アクセス▶茂原駅からバスで「笠森」下車、徒歩5分

千葉県中央部の房総丘陵地帯には有名な寺院が多いが、長生郡長南町には、延暦3（784）年、最澄上人の開創とされる古刹・笠森寺がある。坂東33観音霊場の第31番札所で、古来より巡礼の霊場として知られており、十一面観音像が本尊であることから、通称「笠森観音」とも呼ばれている。

地面から16メートル上の大きな岩の上にそびえる観音堂は、それぞれ高さの違う61本の柱で支えられた特異な四方懸づくりで、日本で唯一の建築構造。四面が張り出した舞台造りの回廊になっているのも珍しく、国の重要文化財に指定されている。観音堂へ行くには75段もの階段を登らなければならないが、舞台のような回廊からは房総の山々も望め、絶景が楽しめる。

現在の観音堂は昭和30年代に解体・修理され、この時に発見した墨書銘で観音堂は桃山時代に再建されたものであることが分かった。それだけに束柱までも解体する大規模な修理は細心の注意が払われ、2年3ヶ月もかかったという。建材はできるだけ防腐剤を施して再利用。塗装も古色仕上げの技術を駆使して再建当時のように復元されている。

笠森観音堂にある六角堂。このほか境内には鐘楼堂、紫金閣などもある。

参道の途中にある、根本に穴が空いた子授けの大クスの木。

境内には、六角堂・鐘桜堂・紫金閣のほか、上総最古の芭蕉句碑も建つ。また、参道途中には、根本の大穴をくぐると子供を授かるといわれる子授けの楠もある。観音堂下に広がる自然林は4ヘクタールにも及ぶ公園で、開創当時から禁伐林として保護された、樹齢・1000年以上の古い樹木も多く残っている。

22-2

水溶性天然ガスにはヨード分がいっぱい！
千葉県はヨード生産量でも日本一

日本は地下資源が乏しい国だと見られているが、千葉県にはそんなイメージを覆す、世界有数の生産量を誇る資源がある。それはヨード(ヨウ素)だ。日本のヨード生産量は世界生産量の30%以上占め、その約80%は千葉県で生産されている。

日本最大の水溶性天然ガス田を持つ千葉県は、ヨード生産量も日本一なのだ。九十九里地方の天然ガスのかん水には、ヨード分が多く含まれているのが特徴で海水の1800～2000倍はあるという。

かつて海の底であったのが隆起して陸地になったと言われる千葉県。その昔の海底には海藻などの有機物が土砂とともに堆積し、これらに含

ヨードは、殺菌消毒剤や写真感光剤の原料など、さまざま製品になっている。

写真は健康のために必要なヨウ素。千葉県は世界の主要な生産地になっている。

まれていたヨード分が長い年月により濃縮され、現在のヨードの起源となった、と考えられている。

千葉県のヨードは、場所によって深度は異なるが、地下1000メートル辺りの地層水の中にメタンガスと一緒に含まれており、地層水の汲み上げで地盤沈下が起きないように年間採取量を制限しているため、埋蔵量可採年数は何百年分もある。

日本で最も歴史ある天然ガス事業会社である「関東天然瓦斯開発」は幅広い用途の天然ガスを扱う一方で、貴重な輸出天然資源としてのヨード生産にも力を入れている。

海に囲まれた日本は、海藻や魚介類から必要量のヨードを摂取できるが、世界にはヨード摂取不足による疾病の問題を抱える地域もあり、こうした国への支援も目的の一つだ。またヨードは、殺菌消毒剤や写真フィルムの感光剤の原料など、さまざまな分野で役立っている。

上総一ノ宮

所 長生郡一宮町一宮2640-2
開 明治30(1897)年4月17日
乗 3002人

釣ヶ崎海岸は、約1200年前から続く「上総十二社祭り」の祭典場でもある。

海岸には、平安時代から続く「上総国一宮・玉前神社」の鳥居もある。

23-1

サーフィンと地元神社の聖地
釣ヶ崎海岸

所在地▶長生郡一宮町一宮
アクセス▶上総一ノ宮駅から徒歩15分

九十九里浜の最南端に位置する釣ヶ崎海岸は、サーフィンの盛んな場所として知られている。中でも通称「志田下」と呼ばれるポイントは〝波乗り道場〟とも呼ばれ、条件が揃うと上級者向けの波になるので、多くのプロやハイレベルなサーファーが技を磨きに来る。世界のトップレベルのプロが集う国際大会も数多く開催され、2020年の東京オリンピックにおけるサーフィンの競技会場に選ばれた。一年を通じてサーフィンを楽しめるので、週末には関東エリアから多くのサーファーが訪れるほか、最近は移住者も増え、サーフポイントが連なる町として脚光を浴びている。一ノ宮町も「サーフィンと生きる町」を目指し、さまざまな形で移住者を支援している。近年はおしゃれな別荘や週末利用の賃貸物件も多くなり、海岸の道路沿いにはサーフショップやカフェ、レストランが並んでいる。

一方、釣ヶ崎海岸は、約1200年前から続く「上総十二社祭り」の祭典場でもあり、地元の人々にとっては神聖な場所だ。海岸には、町名の由来にもなった、平安時代から続く「上総国一宮・玉前（たまさき）神社」

九十九里浜の南端、眼下に太平洋が広がる断崖絶壁の景勝地に建つ太東埼灯台。

太東埼灯台近くには国天然記念物の太東海浜植物群落がある。

の鳥居もある。

上総十二祭りは、毎年9月10日に行われる神事。玉前神社の祭神（玉依姫命）の一族が房総半島上陸ゆかりの地・釣ヶ崎で再開することに由来するもので、祭の日は、近隣3市町村から9つの神社の神輿が海岸に集合。上半身裸で波打ち際を大きな掛け声と共に神輿を担いで走る。房総最古の「浜降り神事」として県無形民俗文化財にも登録されており、観光客も多く訪れる。

太東

たいとう

所 いすみ市岬町椎木3０4-3
開 明治32（1899）年12月13日
乗 493人

24-1

九十九里浜の南端にある灯台
太東埼灯台

所在地 いすみ市和泉３５０８
アクセス 太東駅から徒歩約40分

いすみ市にある海抜58メートルの太東崎は、すぐ下に太平洋が広がる断崖絶壁の景勝地だ。太東崎から屏風ヶ浦（旭市）まで続く九十九里浜の一番南に位置し、公園として整備された周辺は南房総国定公園に指定

イセエビ日本一の水揚げを誇る大原漁港。日曜日に開催される朝市が人気だ。

されている。北側には刑部岬から九十九里浜が弓なりに連なっており、南側には夷隅川河口や和泉浦が眺望できる。

この岬に設置されているのが、高さ16メートルあるという白亜の太東埼灯台だ。現在の灯台は昭和47年に現在地に改築された2代目で、初代の灯台はもっと海沿いに建てられていたが、海岸浸食などで倒壊の恐れがあったため、現在地に100メートルバックさせたという。当初は有人灯台であったが、現在は無人化されている。

元旦の日の出スポットとしても知られており、また、毎年5月には「灯台まつり」が開催される。近くには国の天然記念物に指定されている、太東海浜植物群落もある。

いすみ市沖で育ったイセエビは荒波にもまれ身が締り、色、艶、味も天下一品。

獲れたイセエビを点検する作業風景。大きいものは千葉ブランドになる。

大原

所 いすみ市大原８７０１
開 明治32（１８９９）年12月13日
乗 １５９８人

25-1

岩礁群は東京ドーム２８００個分。生息場も日本一！
イセエビ漁獲量日本一の大原漁港

所在地 いすみ市大原
アクセス 大原駅から徒歩20分

華やかな姿形で見栄えがよく、正月の飾りものとして欠かせないイセエビ。江戸時代の「本朝食鑑」にも縁起物として貴重な食材だったことが記されている。イセ（伊勢）と名が付くことから、イセエビは三重県の伊勢だけが主産地と思われがちだが、実は千葉県も常にイセエビ漁獲量の全国トップスリーに入っている。

千葉県が毎年出している水産ハンドブックによると、平成25（２０１３）年度のイセエビ漁獲量全国順位は、１位が千葉県の２３３トン、２位は三重県の２２８トン、３位は和歌山県の１６１トン、４位は静岡県の１２５トン、５位は徳島県の81トンとなっている。漁港別では、いすみ市大原漁港の水揚げ量が日本一。イセエビは千葉を代表する特産品でもある。

御宿海岸の近くに建てられた「月の沙漠記念館」。外観はアラビア風の建物だ。

御宿海岸の「月の沙漠記念公園」には、ラクダに乗った王子と姫の銅像がある。

水揚げ量日本一を誇る大原漁港の約10数キロ沖には、「器械根」と呼ばれる水深20メートル前後の岩礁群があり、その広さは東京ドームの2800個分。生息場としても日本一なのだ。イセエビ以外の甲殻類も多く生息し、県内屈指と言われるマダコの産地にもなっている。
また房総半島沖は、親潮と黒潮がぶつかる潮境があり、プランクトンが多く発生することから魚の繁殖も増え、昔から良質な漁場で有名だ。そしてこの海流がイセエビの成長に良い影響を与え、大きくて立派なイセエビが獲れる。千葉県では大きさが13センチを超えるものは「外房イセエビ」として、千葉のブランド水産物に認定している。

＊大原は、いすみ鉄道(253ページ)にも掲載

御宿

所 夷隅郡御宿町須賀195
開 大正2(1913)年6月20日
乗 566人

26-1

月の沙漠記念館

童謡・月の沙漠の記念像近くに開館

所在地 御宿町 六軒町505-1
アクセス 御宿駅から徒歩10分

御宿の海岸がモデルになった、と言われる童謡・月の沙漠。「おぼろに

天正の時代から400年以上も続いている勝浦の朝市は、勝浦を代表する名所。

崖と緑がマッチした絶景が楽しめる御宿町にある小浦海岸。

けぶる月の夜に、王子さまとお姫さまがラクダに乗って砂丘をこえてゆきました」と、美しい情景を描写したこの作品は、大正時代に活躍した詩人で抒情画家の加藤まさみが作詞し、佐々木すぐるの作曲で大ヒットした。

加藤は、海が近い静岡県藤枝市の出身だが、病気療養で訪れた御宿の海岸から詩のイメージが生まれた、という説が有力だ。海岸の砂がみずみずしいことから、「砂漠」ではなく「沙漠」という描写になったという。

昭和44（1969）年、御宿町は、観光客が多く訪れる御宿海岸に「2頭のラクダに乗った王子と姫」の像と、歌詞の一部を刻んだ月の形をした歌碑（加藤直筆）を建立した。

また、平成2（1990）年7月には、ふるさと創世事業として、記念像のある御宿海岸からほど近い場所に「月の沙漠記念館」が建てられた。外観は、月の沙漠のイメージにあわせたアラビア風の建物で、館内には、晩年に東京から御宿に移り住んだ加藤の作品や、生前愛用した楽器などが展示されている。2階には御宿にゆかりのある文人や画家たちの作品も紹介されている。

開館時間：9時～17時（最終入館16時30分）、料金：大人400円休館日／毎週水曜日・年末年始・国民の祝日の翌日。

戦前の朝市は、現在の旧市役所通りで開催されている(写真は一文字屋商店付近)。

昔も今も変わらない人情味あふれる人と人の交流も、勝浦朝市が長く続く理由。

勝浦

所 勝浦市墨名254
開 大正2（1913）年6月20日
乗 1098人

27-1

新鮮な山の幸、獲れたての海の幸がいっぱい！
400年以上の歴史を誇る「勝浦の朝市」

所在地 勝浦市下町朝市通り、仲町朝市通り
アクセス 勝浦駅から徒歩10分

能登輪島・飛騨高山と並び、「日本三大朝市」の一つと言われる勝浦の朝市は400年以上の歴史を誇る。この朝市が始まったのは、天正19（1591）年。当時の勝浦城主・植村土佐守泰忠が農業と漁業を奨励するために、農産物と海産物を交換する市を開かせた、と伝えられる。市内の覚翁寺には、泰忠の出した朝市の定め書が奉納されている。しかし、実際に朝市が賑わうようになったのは、明治から大正時代の頃だ。道路網の整備、鉄道の開通などで、人や物資の流通が盛んになるにつれ、朝市も活況を呈してきた。

当時から朝市には、産地直売ならではの新鮮な山の幸、獲れたての海の幸などが豊富に揃っていた。また売り手と買い手の情報交換の場としても活発化していたようだ。

八幡岬公園の海をのぞむ小高い場所には、"お万の方"の像が建っている。

三方を海で囲まれた要害であるこの地（八幡岬）にはかつて勝浦城があった。

朝市の開催場所は、ＪＲ勝浦駅より徒歩10分ほどのところにある、中央商店街近くの２つの通りで開かれる。毎月１日から15日までは、下本町朝市通り、毎月16日から月末までは仲本町朝市通りと、半月交代で開催される。商店街の休日に合わせて毎週水曜日と元旦を休みとし、年末は12月31日まで開催。出店時間は午前６時頃から11時頃まで。勝浦漁港などに水揚げされたばかりの新鮮で多彩な魚介類や乾物などの加工品のほか、地元の農家で採れたばかりの野菜、手作りの漬け物、お餅や団子、果実、花なども並ぶ。店舗が出揃うのはだいたい８時から９時頃。最近は観光客も多く、気さくに料理法を教える元気なおばちゃんたちとの会話を楽しんでいる。

27-2

八幡岬公園

〝お万の方〟の像が建つ

所在地 勝浦市浜勝浦２２１
アクセス 勝浦駅から徒歩25分

駅前通りから国道１２８号線を渡ってまっすぐ海岸へ下りると、太平洋に大きく突き出た八幡岬が見える。その先端部分は勝浦城跡。三方が海に囲まれた要害だけに、幾多の武将が争奪戦を繰り返してきたところだ。

手弱女平(ておやめだいら)にあるむき出しの岩肌でひな祭りを楽しむイベント。

太平洋の荒波に浸食された、典型的なリアス式海岸の景勝地にある鵜原理想郷。

鵜原

所 勝浦市鵜原1664
開 昭和2(1927)年4月1日
乗 84人

天正18(1590)年、勝浦城の城主であった正木頼忠は、小田原落城に伴い、家康が関東一帯を支配、徳川勢の猛攻の前に城を追われることになる。頼忠の姫君としてこの地で生まれたお万の方は当時13歳で、夜の闇に紛れて母やまだ幼い弟と城を抜け出すとき、岬の絶壁に布を垂らして海に下り、小舟で伊豆方面に逃げ延びたと伝わる。八幡岬の先端に近い断崖の松の根方には、「お万の布ざらし」と呼ばれている場所が残っている。

お万の方はその後、家康の側室となり、徳川御三家の紀州(頼宣)、水戸(頼房)の母となり、養珠院と号した。黄門様の祖母としても知られるようになる。現在、八幡岬公園の海を臨む小高い場所に、このお万の方の像が建つ。

またこの公園は、初日の出スポットとしても知られている。大正6年に点灯の勝浦灯台もよく見え、初日の出記念写真のアクセントになっている。

岬が東に向かって突き出た場所(手弱女平)にある鐘付デザインベンチ。

山と山との小さな谷間にある鵜原駅。小さな駅だが駅前に観光案内所がある。

28-1

房総随一と言われる景勝地
鵜原理想郷

所在地　勝浦市鵜原
アクセス　鵜原駅から徒歩約7分

鵜原地区の南東部に位置し、鵜原海岸を抱くように海に突き出ている「鵜原理想郷」。太平洋の荒波に浸食されたリアス式海岸が続く明神岬一帯で、浸食でできた見事な海蝕洞（侵食で海食崖に形成された洞窟）が連なる切り立った岩壁の造形美が見どころになっている。

深い入江を覆うように木々や海岸性の植物が、紺碧の海に突き出た岬の先端まで茂っており、散策するには格好の景勝地だ。大正時代にここを高級別荘地とする計画があり、〝理想郷〟と呼ばれるようになった。この計画は関東大震災とそれに続く金融恐慌で頓挫したが、房総随一と言われる景勝地は残された。

その後、複雑な自然造形に惹かれて、古くから多くの文人墨客などが訪れ、数々の作品を残した。特に与謝野晶子は、昭和11年頃に友人画伯らと当地に滞在し、76首の歌を詠んでいる。

一周2・3キロのハイキングコースが整備されており、所要時間は約1時間。眼下にきらめく海の輝きを眺め、潮風を気持ちよく受け、四季

房総の海と自然がテーマの海の博物館(千葉県立中央博物館分館)の建物外観。

太平洋の荒波に浸食された典型的なリアス式海岸景勝地にある鵜原理想郷全景。

折々の花を咲かせる植物を愛でることができる。野鳥のさえずりも聞こえる。いくつかの名勝ポイントには、与謝野晶子の詠んだ歌が刻まれた道標などがあり、これらを読みながら進むのも楽しみの一つだ。

28-2

房総の自然や生き物を総合的に学べる施設
海の博物館(千葉県立中央博物館分館)

所在地　勝浦市吉尾123
アクセス　鵜原駅から徒歩15分

海の博物館は、「房総の海と自然」をテーマにした博物館で、千葉県立中央博物館分館として平成11（1999）年3月に開館した。勝浦を中心とした房総の豊かな海の自然誌を春夏秋冬の季節に合わせて体験的に学ぶことができる。

展示室内はコンパクトながら房総の海や魚についての展示が充実している。同じ千葉でも、勝浦と館山の海を比較したり、勝浦海中公園付近の磯の詳しい説明や模型もある。さらに魚や海藻といった海の生き物だけでなく、房総の植物や虫や、鳥のはく製の展示もあり、房総の自然や生き物を総合的に学べる展示室となっている。また、周辺の自然も博物館の一部としてとらえ、館内だけでなく、野外においても様々な行事を

展示室内はコンパクトながら、房総の海や魚についての資料が充実している。

中庭に展示されているツチクジラの骨格標本。ロビーから見ることができる。

行っている。

圧巻なのは、中庭に展示されてロビーから見ることができる、ツチクジラの骨格標本。大きな背をうねらせた体長10・5メートルの標本は、まるで窓の外で泳いでいるかのように見える。

中央博物館の分館として、元々が調査・研究が主体の施設で、周辺海域に生息する海洋生物の調査・研究も行っており、その結果などの展示も行っている。研修室では、さまざまな企画展示が行われるほか、「マリタイムシネマ」と称して、「海とあそぼう」「房総の海」の映像作品（10〜15分）を上映している。オープン当初は入館無料であったが、県条例改正によって2004年4月から有料になった（大人200円、高校・大学生100円）。ただし、学校教育の一環として利用する場合は無料となる。中学生以下、65歳以上も無料だ。

付近の海岸は"日本の渚・百選"に選ばれるほどの素晴らしい景観と遠浅が特徴。

鵜原の海岸一帯が海域公園に指定され、その中心施設となるのが海中展望塔。

28-3

海中と海上から海の景色が堪能できる!

かつうら海中公園(海中展望塔)

所在地 千葉県 勝浦市吉尾174
アクセス 鵜原駅から徒歩15分

南房総国定公園の中に立地する「かつうら海中公園」は、昭和55(1980)年11月に完成した。房総のすぐれた海中景観を有する勝浦の海蝕崖と海岸植生の探勝を目的につくられ、メイン施設として東洋一の規模と言われる高さ24・4メートル、水深8メートル(満潮時)の海中展望塔が建っている。この展望塔は、海岸より沖合い60メートルの地点に立ち、海蝕性のリアス式海岸であり、かつ黒潮と親潮の接点のため、海草、魚貝類が豊富。最下部には24個の窓があり、窓から90種以上の色鮮やかで珍しい魚や海底の様子を観察することが出来る。

また、展望塔まで続く海の上に架けられた橋からは、黒潮と親潮がまじる太平洋の美しい景観が一望できる。深い入り江と老松の美しい鵜原理想郷、八幡岬、海抜70メートルの丘上に立つ勝浦灯台も望める。海上展望室からは、水平線が丸く見えるなど、さまざまな角度から海が楽しめる。9時~17時(受付16時30分まで)、無休 大人960円。

国道から小道を入った先には、伝説とは言え"おせんころがしの慰霊碑"がある。

おせんころがしは、勝浦市の西端から鴨川市にまたがる約4km続く崖の通称。

行川アイランド

所 勝浦市浜行川
開 昭和45（１９７０）年7月2日
乗 １９人

29-1

交通の難所だった海岸沿いの崖
おせんころがし

所在地 勝浦市大沢
アクセス 行川アイランド駅から徒歩５分

〝おせんころがし〟というのは、勝浦市の西端から鴨川市にまたがる海岸沿いに約４キロ続く崖の通称だ。古くは房総東往還の難所と知られていたが、昭和４（１９２９）年、おせんころがしの部分を小湊トンネルなどで結ぶ鉄道（現在の外房線）が開通した。その後、おせんころがしの部分もトンネルになり、また、境川トンネルで結ぶ国道１２８号の新道も完成し、現在は崖の中腹に小道が残るのみとなっている。

おせんころがしという名称は、昔、この地域で勢力を持っていた豪族古仙家の一人娘「おせん」の名に由来する。「父親の強欲非道な振る舞いで村人が苦しむのを見たおせんは、父親の改心を願って崖から身を投げた」という伝説が残っている。付近には慰霊碑もある。

最寄り駅の「行川アイランド駅」は、かつて賑わったレジャー施設「行

日蓮聖人降誕の地を記念して建立された、日蓮宗の大本山「誕生寺」。

海面に浮上した真鯛の群れは、鯛の浦遊覧船の上から見ることができる。

川アイランド」のために出来た駅（昭和45年開業）。行川アイランドは、昭和39（1964）年に開園して以来、フラミンゴショー、クジャクの飛行ショーなどで有名になったが、時の流れと共に入場者が減少、平成13（2001）年に閉園となった。閉園後も駅は無人駅として残り、駅名もそのまま残されている。

安房小湊

所 鴨川市内浦403
開 昭和4（1929）年4月15日
乗 194人

30-1

日蓮誕生にまつわるミステリースポット

国指定特別天然記念物「鯛の浦タイ生息地」

所在地 鴨川市小湊
アクセス 安房小湊駅から徒歩20分

JR外房線安房小湊駅から徒歩20分の鯛の浦は、鴨川市の内浦湾から入道にかけての沿岸部にある海域。昔から日蓮ゆかりの聖地として代々漁民に保護されてきた、「鯛の浦タイの生息地」として知られ、遊覧船が

誕生寺の境内には、幼名を「善日麿」と言われた日蓮聖人ご幼像(12歳)がある。

誕生寺の参道に並ぶ土産物屋で売られている、素朴な味の「鯛せんべい」。

運航されているので、船の上から鑑賞できる。

本来マダイは深海性回遊魚で群れをなさない習性を持っているが、鯛の浦のタイは、水深10～20メートルで群れをなして定住。これは世界的にも極めて珍しい現象で、いまだに科学的に解明されておらず、まさに現在のミステリースポット。昭和42（１９６７）年には文化庁の特別天然記念物に指定されている。指定された地域は２００ヘクタールの海域と陸地で、海域内では釣りなどの遊漁が禁止されている。

小湊は日蓮宗の開祖日蓮の生誕地で、日蓮が誕生した際、この場所に鯛が飛び跳ね、ハスの花が咲き乱れたという言い伝えがある。これにちなんでこの海域は「鯛の浦」と名付けられた。妙の浦とも言われる。

ここの鯛は日蓮の化身とされており、地元では同海域の鯛は食せず、エビ網などの網にタイがかかっても生きていれば放流し、死んだ場合は漁協の冷凍庫で保存し、一定数になると誕生寺境内のタイ塚に埋葬する。昭和時代には「鯛のお葬式」も行われたそうだ。

小湊漁港から休憩所までの約６１０メートルは遊歩道として整備されており、休憩所からは日蓮伝説を裏付ける、風光明媚な蓮華ヶ渕の入江や五色砂の砂浜などが望める。

イルカやシャチ以外にも愛嬌のあるアシカのショーもなどが行われる。

ダイナミックなイルカのパフォーマンスは大人気。タッチや記念撮影もOKだ。

安房鴨川

所 鴨川市横渚952
開 大正14（1925）年7月11日
乗 1367人

31-1

シャチやイルカのパフォーマンスが人気

鴨川シーワールド

所在地 鴨川市東町1464-18
アクセス 安房鴨川駅から無料送迎バスで約10分

鴨川市の東条海岸と国道128号の間に立地する大規模な総合海洋レジャーセンター「鴨川シーワールド」は、まるで生きた海獣を展示する博物館だ。

昭和45（1970）年10月の開業以来、環境一体型の展示施設を目指しており、約800種1万1000点もの海や川の生き物たちを、自然に近い姿で見られる。特に豪快なシャチやスピード感あふれるイルカなど、動物のパフォーマンスショーが大人気だ。また、「トロピカルアイランド」では、ダイバー気分で水中散歩でき、「ロッキーワールド」では、アシカやセイウチを陸上と水中の両方から観察できる。動物とのふれあい体験が魅力だ。

鴨川シーワールドが出来たことで、周辺に「鴨川グランドタワー」をは

地元農家が代々守ってきた昔ながらの棚田の風景が見学できる「大山千枚田」。

酪農の歴史、乳牛の生態、牛と人の共存の姿などが展示紹介されている資料館。

じめとするリゾートホテルや旅館・保養施設が建設され、以前は主に海水浴客が押しかけた南房総は、1年を通じて楽しめるリゾート地に様変わりした。

営業時間は9時〜17時（季節・曜日により変動あり）。入園料大人2800円、子ども1400円。

31-2

日本酪農発祥の地「嶺岡牧」

初めてバターが作られた南房総・酪農の里

所在地 南房総市大井686

アクセス 安房鴨川駅からバスで「みんなみの里」下車、徒歩1時間

房総半島の山間部・嶺岡（現・南房総市）は、日本で初めて酪農が行われた地として知られる。この地域は戦国時代、里見氏が治めており、軍馬を育てるために嶺岡に牧場を作ったのが、酪農の始まりだ。

慶長19（1614）年、嶺岡牧は幕府が直接管理する牧場になる。当時の八代将軍吉宗は牧場経営に積極的で国内産の馬や和牛をここに放牧し、馬の改良のために外国産の馬も輸入する。そして享保13（1728）年、馬と一緒にインド産の白牛3頭が嶺岡牧に放牧された。

白牛は年々数が増え、白牛の乳で作ったバターのような乳製品「白牛

宝暦年間創業の亀田酒造は昔ながらの完全手造りによる製造手法を守っている。

明治神宮の献上蔵として毎年御神酒を奉納している亀田酒造。写真は外観。

酪」は将軍に献上され、のちに庶民にも販売され、日本の酪農へと発展していった。これが「嶺岡は日本酪農発祥の地」と言われる理由だ。

明治維新で嶺岡牧場は政府の管理下に置かれ、明治政府も牧場の振興に努めた。しかし、明治6（1873）年、牛の伝染病・牛疫が発生し、当時268頭いた白牛は結局全滅してしまう。その後、有志が嶺岡牧社を設立。新たに牛馬を購入し、繁殖・改良を進め数を増やしていった。

明治22（1889）年、近在農家が集まって国から嶺岡牧を借り受け、嶺岡畜産株式会社を発足。アメリカからホルスタイン種を輸入するなど、嶺岡一帯は日本で最も乳牛生産の盛んな酪農の里へと発展した。嶺岡牧と呼ばれていた牧場は、明治44（1911）年に千葉県の種畜場となり、現在は嶺岡乳牛研究所として、優秀な雌牛の受精卵や体外受精など様々な試験研究に取り組んでいる。

31-3

完全手造りによる日本酒醸造「亀田酒造」

明治神宮の献上蔵として毎年御神酒を奉納

所在地▶鴨川市仲329
アクセス▶安房鴨川駅からバスで「仲村」下車すぐ

毎年11月、明治神宮に御神酒を奉納。主基斎田跡は公園として整備

明治４（1871）年、明治天皇が天皇家の伝統神事を執り行うために、当時の長狭郡北小町村（現・鴨川市）の水田が主基斎田に選定された。地元ではこれを次代に伝え、護持に力を入れていこうと、昭和56（1981）年に「鴨川市明治神宮崇敬講」を発足。毎年11月に行われる明治神宮の新嘗祭に、主基斎田で収穫した新穀とその米で造った白酒（亀田酒造醸造）を奉納している。仕込式は、明治神宮宮司をはじめ、関係官庁、地元有力者により行われる。なお、亀田酒造近くにある主基斎田跡は貴重な歴史的遺産（埋蔵文化財）として公園に整備されている。

所在地：鴨川市北小町字仲ノ坪

アクセス：安房鴨川駅からバスで「北小町入口」下車、徒歩５分

千葉県の清酒製造の歴史は古く、寛永年間（１６２４～１６４３年）に１軒、元禄年間（１６８８～１７０３年）に３軒が創業し、徳川末期安政元（１８５４）年から急激に増加した。そして明治33（１９００）年には２３７軒に達した酒造場も、昭和10（１９３５）年には１２４軒、昭和20（１９４５）年には66軒と次第に減り、現在千葉には36の酒蔵が残っている。

房州でも指折りの酒蔵で知られる亀田酒蔵は、宝暦年間（１７５１～１７６３年）の創業で、昔ながらの完全手造りの製造手法をいまだに守っている。代表銘柄「寿萬亀（じゅまんがめ）」の日本酒以外に、地元房州の果物や農作物を原料としたリキュールや本格焼酎などを製造。日本酒では全国新酒鑑評会で４年連続入賞するほか、全国で唯一、明治神宮に献上していることでも知られている。

鴨川市は江戸時代より良質なお米の産地として知られ、特に美しい里山風景が残る大山地区の「大山千枚田」は有名だ。しかし近年はこの地の水田維持が難しくなってきた。理由は、景観はいいが営農には不便な傾斜地の狭い耕作地、高齢化による生産者の減少だ。

そこで平成26（２０１４）年、無印良品は里山の維持・継承を目的とした「里山トラスト活動」を立ち上げ、その一環としてこの地で稲作を続ける生産者を支援。また地元酒蔵である亀田酒蔵は鴨川市の飯用米を使って日本酒を醸造、地域の活性化に協力している。

本殿脇には、創建時に植樹された、と伝わるイチョウの古木がそびえ立つ。

造営は室町時代の中期（15世紀）と推定されている飯香岡八幡宮の本殿。

内房線

八幡宿

所 市原市八幡930-3
開 明治45（1912）年3月28日
乗 1万1869人

32-1

室町中期の八幡宮
国府の古社「飯香岡八幡宮」

所在地 市原市八幡1057-1
アクセス 八幡宿駅から徒歩5分

駅を降り北向きに5分ほど歩くと、樹木に包まれた飯香岡八幡宮の屋根が見えてくる。社伝によれば、この八幡宮の創建は白鳳年間で、一国一社の国府八幡宮として勧請されたことに起源を持つ。誉田別命（ほんだわけのみこと）、息長帯姫命（おきながたらしのみこと）、玉依姫命の三尊を祭神とし、鎮座以来、国司はじめ源頼朝、千葉氏一族などの崇敬が厚かった。とくに頼朝は再起戦の途上に必勝を祈願し、戦後に社殿を造営したと言われる。

本殿は、室町中期に改築された建物で、正面三間、側面二間の単層で

江戸時代に建立された薬師堂。堂内には本尊が安置されている(市指定文化財)。

古代上総国の政治や文化の中心地であったことを象徴する文化遺産上総国分寺。

ある。入母屋造りの銅板の屋根、三方に高欄付の縁を配した堂々とした和様建築で、国の重要文化財に指定されている。拝殿は江戸中期の再建で本殿より少し小さいが、正面に華美な彫刻があり、県指定の有形文化財となっている。また、秋の大祭前日に行われる「柳楯神事」は、県の指定無形民俗文化財、市原市の民俗文化財に指定されている。

境内の本殿脇には、創建のときに植樹したと伝わるイチョウの古木がそびえる。この大イチョウは、樹高16メートル、周囲14メートルに及び、途中から二股に分かれて俗に夫婦イチョウと称され、県の天然記念物となっている。

五井

所 市原市五井中央西2-1-11
開 明治45（1912）年3月28日
乗 1万8807人

33-1

上総国府と国分寺の町

「上総国分寺跡」「上総国分尼寺跡」

所在地 市原市惣社1-7-1他
アクセス 五井駅からバス「市役所前」、バス停から徒歩10分
所在地 市原市国分寺台中央3-5-2
アクセス 五井駅からバス、「市役所前」バス停から徒歩10分

平成5年8月、奈良時代の工法を再現する形で復元された上総国分尼寺の中門。

中門と金堂を結ぶ復元回廊が、平成9年度に新しくよみがえった上総国分尼寺。

駅西の埋め立て地は臨海の重化学コンビナート地帯、内陸側は国府や国分寺が置かれた遺跡ゾーンが広がる五井。中でも市原市が古代上総国の政治・文化の中心地であったことを象徴しているのが、上総国分寺跡と尼寺跡の存在だ。聖武天皇の741年に設置された上総国分僧寺は、駅から東南へ約3・5キロ、通称国分寺台とよばれる養老川右岸の台地にある。寺域は13・9万平方メートルに及び、武蔵国分寺跡に次ぐ規模。発掘調査により金堂・講堂の基壇・塔・回廊・門などの建物跡の他、国分寺の屋根を葺いた瓦を焼いた窯跡なども発見された。現地では、塔の礎石や江戸時代以降に建てられた国分寺薬師堂・仁王門、菊間新皇塚古墳から移築した宝篋印塔などを見ることができる。

養老川北岸の台地には、僧寺とセットになった国分尼寺の跡がある。こちらの寺域は9万平方メートルで、戦後の発掘で金堂や講堂、南門、尼房跡が確認され、僧寺と同じ瓦が多く出土した。両寺跡とも、周囲を細長い溝で区切り、土塁で囲んでいる。市原市では、貴重な文化遺産を後世に伝え、ふるさとの歴史や文化を見直し体験できる場として、平成2(1989)年度から史跡上総国分尼寺跡の整備を進め、平成5(1993)年度に中門を復元公開。さらに平成9(1997)年度には中門と金堂を結ぶ復元回廊を装いも新たに蘇らせた。平成5年7月には、跡地の一角に史跡上総国分尼寺跡展示館を開館。一般公開している。

11月1日は点字の日。日本の点字は千葉県人が生み出した？

明治20（1887）年頃、欧米ではさまざまなタイプの点字が使われていたが、日本では、このアルファベットに対応している点字を日本語で表せないか、と研究が進められていた。そんな中、フランス人ルイ・ブライユが考案した6点点字を翻訳し、これを基礎に日本語に合うように研究と工夫を重ねて「日本の点字」を完成させたのが石川倉次だった。

石川は安政6（1859）年に浜松藩士の子として生まれ、家の事情により9歳で上総国鶴舞（市原市）に移住。明治12（1879）年に千葉師範学校小学師範科を卒業、独学で教員の資格を得る。そして教員生活の傍ら国語文字の簡易化や表音文字を研究。これが縁で盲唖学校校長の小西信八と知り合い、彼の勧めで上京、東京盲唖学校助教として、点字の世界へと足を踏み入れた。

アルファベットと違い日本語は表音文字（カナ）だけでも100を超え、ブライユ点字からの改良は寝食を忘れるほど大変な作業だった。そして石川が考案した点字は、6点すべてを打った形から「目」の字をイメージし、そこから規則的に50音順に配列したものだった。覚えやすく、日本語のカナをすべて書き表せるなど大変優れたもので、現在でも変わることなく使い続けられている。石川式の点字配列が正式に採用されたのは明治23（1890）年11月1日で、その後これを記念して、11月1日が「点字の日」と定められた。石川は点字のみならず、点字盤や点字印刷機を開発、その普及に力を注いだ。その功績が讃えられ、「日本点字の父」とも言われている。

姉埼神社の境内にある富士塚。富士塚の上には浅間神社がほか数社が鎮座する。

上総五社の一社、姉埼神社。初詣には、拝殿の前に茅の輪が置かれる。

姉ケ崎

所 市原市姉崎528-2
開 明治45(1912)年3月28日
乗 1万338人

34-1

姉埼神社

「待つ＝松」の木を嫌う

所在地 市原市姉崎2278
アクセス 姉ケ崎駅から徒歩15分

駅から東南へ約1キロ、旧国道を渡って進んで行くと、やがて姉埼神社の大鳥居が見えてくる。鳥居を2つくぐり、明神山と呼ばれる森の中の石段を登ると、姉崎神社が鎮座する。

この神社は「延喜式」に記された古社。日本武尊が東征に際し、いまの東京湾で暴風雨に遭い、これを鎮めるために犠牲となった弟橘姫(おとたちばなひめ)を偲び、風の神である志那斗弁命(しなとべのみこと)を祀ったのが始まりと伝わる。祭神の志那斗弁命は、市内島野の島穴神社に祀られた志那都比古命(しなつひこのみこと)の妃にあたる。

伝承によると、妃は夫の帰郷を待ち続けたが、夫は妃の許へついに帰らなかったといい、「待つ」と「松」の読みが同じことから、同神社では松の木を避け続け、境内は杉だけで埋められている。また、氏子の家でも

約20種類の花々が園内を彩る東京ドイツ村。春はキンギョソウが真っ盛り。

海を望む方向の西向きに建立された姉埼神社。写真は正面鳥居。

正月には門松を立てず、竹と榊を用いた飾りを立てる風習がある。神社正面の本殿は、二間四方の檜造りに銅板葺き屋根で、幕末に改築されたものである。昭和61（1986）年に火災で焼失し、2年後に再建された。多くの神社は南向きに建立されているが、姉埼神社は海を望む方角の西向きに建立され、「弟橘姫を偲ぶため」とも言われている。毎年7月20日に催される祭礼では御輿が町内を練り歩く。

袖ケ浦

所 袖ケ浦市奈良輪1198
開 大正元（1912）年8月21日
乗 5058人

35-1

広大な敷地にドイツの田園風景を再現
東京ドイツ村

所在地 袖ケ浦市永吉419
アクセス 袖ケ浦駅からバスで「東京ドイツ村」下車

平成13（2001）年3月にオープンした袖ケ浦市のテーマパーク「東京ドイツ村」は、ネーミング通り、ドイツの田園風景を再現したレジャーランドだ。91万平方メートル（東京ドームの19倍）という広大な敷地には、芝生広場を中心に、花畑やこども動物園、アトラクションなどの施設が

東京ドイツ村にあるショッピング&レストラン施設「マルクトプラッツ」。

冬季の東京ドイツ村は、幻想的なイベントのイルミネーションで園内が輝く。

点在。近年は、冬場のイルミネーションが関東三大イルミネーションに選ばれて話題を呼んだ。

いかにも房総らしいのが花畑で、ローズガーデンでは、約200種5000株のバラが咲き誇る。春先は25万株の芝桜やポピー、初夏からはラベンダー、紫陽花、夏場はひまわり、秋に入るとサルビアが美しさを競い合うフラワーガーデンも必見。園内の各所にある花壇にも四季折々の花があふれている。こども動物園では、ミニブタやモルモット、羊などの動物とふれあえる。リスのエサやりも楽しめるほか、定期的に体験イベントも行われる。

アトラクションゾーンには、観覧車やキッズコースター、芝ぞりゲレンデにマメ汽車、ボートなど、家族連れで遊べる施設が豊富に揃っている。

また、バーベキューやドイツ料理がメインのレストラン&ショップも人気。とくに好きな具材を購入して焼くバーベキュー、ドイツのヴェルデンブルグ修道院で醸造されたビールが好評だ。千葉の野菜や果物が満喫できる収穫体験ゾーンでは、タケノコやジャガイモ掘り、みかん狩りなどが、年間を通して楽しめる。このほか、冬季イルミネーションは、11月1日～4月8日の期間中に楽しめる幻想的なイベントで、約300万個のLEDや電球が園内を輝かせ、毎年違うテーマで行われている。

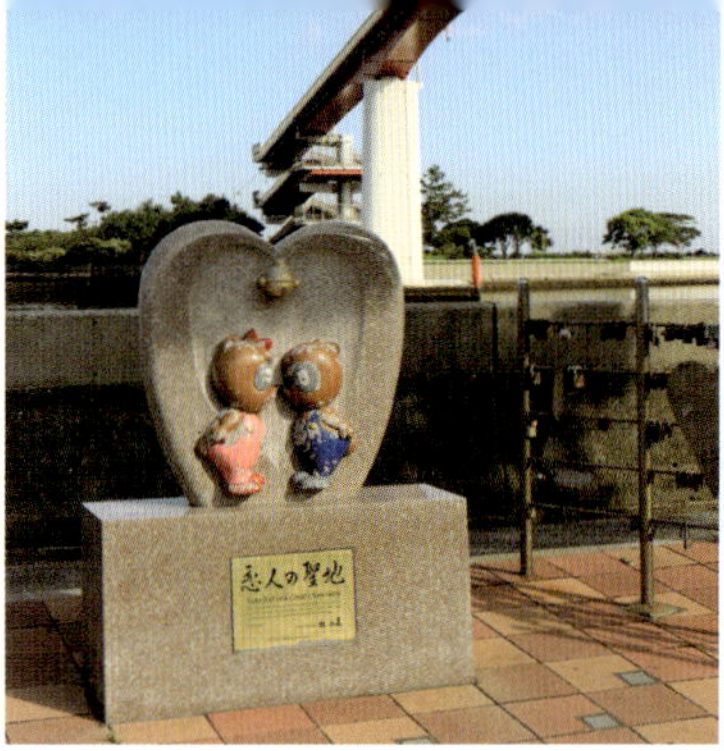

中の島公園と向かい合う鳥居崎海浜公園にはモニュメント・恋人の聖地がある。

日本でいちばん高い歩道橋として知られる中の島大橋。木更津港のシンボルだ。

木更津

所 木更津市富士見1-1-1
開 大正元（1912）年8月21日
乗 1万3752人

36-1

高さ27メートル！木更津港・中の島に架かる橋
日本一高い歩道橋「中の島大橋」

木更津港と港内に浮かぶ中の島に架かかる大橋は、幅4・5メートル、長さ236メートル、高さ27メートルで、日本一高い歩道橋として知られている。昭和50（1975）年の建設以来、木更津港のシンボルとしてその存在感を放ってきた。この橋が誕生したのは昭和40年代の潮干狩りブームがきっかけだ。当時、潮干狩り場として人気があった木更津南部が昭和48（1973）年に埋め立てられることに決定。その代案が臨海公園として整備する中の島公園内に潮干狩り場を造る計画だった。連絡橋の中の島大橋の下は当時運行していたカーフェリーがくぐるため、橋桁は17メートル以上が必要で現在の高さとなった。橋は富士山も見えるビュースポットで、「日本の橋100選」にも選ばれている。

木更津は、古来から日本武尊（やまとたける）と弟橘媛（おとたちばなひめ）の恋の伝説があり、市内には恋の森・太田山公園や吾妻神社など

樹木に囲まれてこぢんまりとした佇まいの證誠寺。今にも狸があらわれそうだ。

中の島公園にある木更津海岸潮干狩場。シーズン中の休日は家族連れで賑わう。

ゆかりの場所が点在している。そんなロマンティックな話題にも中の島大橋は新しく加わる。平成14（2002）年に放送されたテレビドラマ&映画「木更津キャッツアイ」のロケ地となり、ストーリーで「男女がおんぶして橋を渡ると恋が叶う」という〝赤い橋の伝説〟が誕生。一躍脚光を浴び、平成22（2010）年にNPO法人「地域活性化支援センター」により、中の島大橋が「恋人の聖地」として認定されたのだ。中の島公園と向かい合う、鳥居崎海浜公園内には、現代的な「恋人の聖地」のモニュメントが設置されている。

36-2

〝日本三大狸伝説〟のひとつ

「証城寺の狸囃子」

所在地 木更津市富士見2-9-30
アクセス 木更津駅から徒歩5分

「しょうしょう　しょうじょうじ　しょうじょうじの庭は、ツ　ツ　月夜だ　みんな出て　来い来い来い」のフレーズで始まる童謡「証城寺の狸囃子」。この全国的に知られる童謡のモデルになったお寺は、JR木更津駅西口から歩いて10分ほどのところにある「證誠寺」だ。寺名が「証城寺」となっているのには諸説あるが、「敢えて架空の場所にすることで、全国

市内を歩くと至るところで狸のモニュメントや狸の絵のマンホールなどがある。

大狸が腹鼓で張り合った“狸囃子の伝説”を彷彿とさせる境内にある鐘楼堂。

の子どもたちに歌って欲しい」という、作詞をした野口雨情の意図に説得力がある。雨情は講演で木更津に訪れ、證誠寺に伝わる狸囃子の伝説をもとに作詞、中山晋平が作曲した。伝説の内容は、「秋の夜の寺の庭で、何十匹もの狸が和尚とお囃子合戦をし、腹鼓で張り合っていた大狸のお腹が破れて死んでしまった」というおかしくも悲しい物語だ。

證誠寺は、江戸時代の初め頃の創建で、木更津では唯一の浄土真宗の寺院。境内には哀れな狸のために和尚が塚を築いたという狸塚もある。古い由緒のあるお寺だが、狸伝説は明治38（１９０５）年に地元の文芸誌で紹介されたのが最初という。そして證誠寺の名が知られるようになったのは、童謡「証城寺の狸囃子」が大正14（１９２５）年に発表されてからだ。その後、群馬県館林市の「分福茶釜」、愛媛県松山市の「八百八狸物語」、そして千葉県木更津市の「証城寺の狸囃子」は、「日本三大狸伝説」として有名になる。

木更津駅では発車時に「証城寺の狸囃子」のメロディーが流れ、市内のあちこちに狸の像がある。狸は木更津のマスコットなのだ。

世界でも活躍している「上総掘り用具」は久留里城址資料館に展示されている。

上総掘り発祥地の君津市内(久留里付近)には、今も井戸掘り櫓が残されている。

君津

所 君津市東坂田1・1・1
開 大正4（1915）年1月15日
乗 8208人

37-1

身近な竹材を使った井戸掘り技術

君津地域は「上総掘り発祥の地」

君津市の街中では、現代では珍しくなった井戸を多く見かける。これらは「上総掘り」という井戸掘り技術で掘られた、地下水が自然に地上に噴出する「自噴井」だ。上総とは房総半島の古い地名で、現在の君津市や袖ケ浦市などの君津地域を指す。この地域は清澄・三石山系の山林に降った雨が天然の地層を通ってろ過され、昔から豊かな地下水に恵まれている。中でも久留里の井戸水は「平成の名水百選」に選ばれるほど、水質が良く美味しい。地下400〜600メートルを中心とした帯水層から一年中湧き出す生きた水は、毎年地元の観光協会が水質検査を行い、安心・安全であることを証明。遠くからわざわざこの名水を汲みにくる人も多い。地域には今でも約200本の井戸があると言われる。

上総掘りは、明治20年代後半に君津地域で考案された深井戸掘りの技術。江戸時代の金棒突掘り技法と違い地域に自生する竹を利用したのが

写真は、昭和中期頃、君津市内の俵田で行われていた上総掘りの掘削風景。上総掘りなら2〜3人で、深く、安全に井戸が掘削できる。

特徴だ。やぐらを組んでバネを仕掛け、これに割り竹を長くつないで、その先端に取り付けた掘鉄管で掘り抜く。印象的な車は、地中の掘りくずを引き上げる際に使う。それまで井戸掘りは人手が必要とされていたが、上総掘りなら2〜3人で、深く、安価で、安全に井戸が掘削できる。昭和30年代半ばまで湊川・小糸川・小櫃川・養老川など、西上総の河川地帯を中心に全国で多くの井戸掘り職人が活躍した。器用な人は自分で耕地に井戸を造ったりしたという。君津市の上総高校近くの大宮寺前には「上総掘り発祥の地」の碑があり、その功績が記されている。

飲料水や農業用水を確保するだけではなく、温泉や天然ガスの掘削にも利用されてきた上総掘りは、水不足で悩むアジアの人々にも貢献している。昭和56（1981）年に市民グループが「上総掘りをつたえる会」を設立（NPO法人）。その技術を現地で伝承しながら井戸を掘削。国際貢献賞などをたびたび受賞している。

とはいえ、現在の日本ではボーリング技術の発達や水道の普及で、上総掘りはほとんど利用されなくなった。そして昭和35（1960）年、上総掘りの用具は国の重要有形民俗文化財に、技術は平成18（2006）年、重要無形民俗文化財に指定された。現在、国指定の用具は木更津市郷土博物館金のすずにまとめて収蔵・展示。また、袖ケ浦市郷土博物館では掘削体験などを行い、君津市立久留里城址資料館では次世代に伝えたい

まきばゲートの後にある広い斜面には、四季折々の花々が美しさを競い合う。

観光牧場の「マザー牧場」には、さまざまな動物たちが放し飼いされている。

〝20世紀遺産〟として紹介している。

佐貫町

所 富津市亀田540-2
開 大正4(1915)年1月15日
乗 223人

38-1

房総半島の丘陵地帯に広がる観光牧場
マザー牧場

所在地 富津市田倉940-3
アクセス 佐貫町駅からバスで「マザー牧場」下車
君津駅から送迎バスあり(要予約)

マザー牧場は、東京タワー(日本電波塔株式会社)やフジサンケイグループなどの創業者・前田久吉氏が昭和37(1962)年に開場した観光牧場。〝マザー〟は「母に捧げる牧場」というのが由来。貧しかった幼年期に聞いていた「家に牛が一頭でもいれば暮らしは楽なのに」という母の口癖に応えたものだという。

約250ヘクタールの広大な丘陵地には、羊や牛、アルパカなど約1200頭の動物がのびのびと暮らし、花の咲く大自然の中で動物と触れ合うことのできる「エンターテインメントファーム」だ。実際、羊や

マザー牧場創設者前田久吉翁が開基した禅刹「佛母寺」(マザー牧場に隣接)。

ひつじの牧場では、日中、放牧されている羊たちにエサやりもできる。

牛が暮らすのんびり放牧している牧草地や、300万本の菜の花が広大な斜面を黄色に染める春の景色には訪れる人々が癒やされる。

また、牛や羊のほか、馬・ブタ・ウサギ・牧羊犬などともふれあえるイベントが場内の各所で用意されている。エンターテインメントファームだけに、子ブタのレースや羊のショー、アルパカや羊へのエサやり、牛の乳しぼり体験なども楽しめる。さらに、ジンギスカンやソフトクリームなどの牧場グルメや旬の味覚狩りなどもあり、おみやげ類も豊富だ。

敷地内には、標高300メートル以上の観覧車がそびえる遊園地（わくわくランド）や、新アトラクションとして、眼下に牧場を見ながら滑り降りるファームジップ（ワイヤロープを滑走）も用意されている。9時30分～16時30分（土日・祝日は9時～17時）、大人（中学生以上）1500円

岩窟の内部には、ザラザラとした砂岩の壁一面に仏像群が彫り込まれている。

岩壁に横穴の洞窟が並ぶ岩谷観音堂。内部に数十体の仏像が掘り込まれている。

上総湊

所 富津市湊736
開 大正4(1915)年1月15日
乗 760人

39-1

房総の隠れたパワースポット！
日本でも珍しい「岩谷堂磨崖仏」

所在地▶富津市数馬268-3
アクセス▶上総湊駅から徒歩15分

富津市天羽地区数馬にある小高い岩山の中腹にある岩谷堂清巌寺は、「磨崖仏」と呼ばれる、岩壁に彫刻された仏像で有名だ。仏像が掘られた洞窟は、いわゆる「やぐら」と呼ばれる横穴式の墓。鎌倉時代の中期から室町時代の前期にかけて、当時幕府の置かれた鎌倉を中心に流行した武士階級の墓とされる。千葉県では富津市や館山市など、房総半島の南部でしばしば確認されている。洞窟の壁面に多数の磨崖仏や五輪塔が浮彫・線彫されたのは中世から江戸時代にかけて。一巡すれば全国の霊場を巡礼したと同等のご利益があると言われ、岩谷堂は湊川流域における庶民信仰の中心地となった。現在も房総の隠れたパワースポットになっている。

日本で最初にヒカリモが発見されたという竹岡弁天にある「黄金井戸」。

間口が3メートル、奥行き10メートルの海食洞窟になっている、竹岡弁天の洞窟内部。

竹岡

所 富津市萩生1105
開 大正15（1926）年6月16日
乗 64人

40-1

水戸黄門も立ち寄ったという
竹岡弁天「黄金井戸」

所在地 富津市荻生1176
アクセス 竹岡駅から徒歩3分

ＪＲ内房線竹岡駅から南へ３分（約２００メートル）ほど歩いた国道１２７号沿いの竹岡弁天の洞窟内には、毎年３～5月頃になるとヒカリ藻が繁殖、水面が黄金色に輝く。別名「黄金井戸」と呼ばれている。

この洞窟は高さ、間口が3メートル、奥行き10メートルの海食洞窟で、あの水戸黄門と呼ばれた徳川光圀も旅の途中に立ち寄ったというから、歴史は古い。延宝２（１６７４）年の甲寅日記には、「弁財天の岩穴の内に濁水少し許りあり。その色黄なり。土俗が云わく、これを黄金の花と云う。春秋の彼岸に花咲く」と、記されているという。

千葉県下でヒカリ藻発生は、さほど珍しくないが、竹岡は最初の発見地で、毎年同じ場所で大量に発生するのは例がなく、昭和３（１９２８）年に国の天然記念物に指定された。

黄金井戸の存在で、一躍有名になった竹岡弁天。竹岡駅から徒歩3分と近い。

日本武尊を祭神として祀っている富津市の金谷神社。文化財「大鏡鉄」が有名。

黄金色に輝くヒカリ藻は黄色鞭毛藻類に属する。普通ならアメーバ状の体の一端に1本の鞭毛をもち遊泳しているが、洞窟などの水たまりでは浮上して鞭毛を失い、体が球形に変わって水面に被膜をつくる。これに光が当たると黄色レンズ状の葉緑体が光を反射して光って見える。つまり、ヒカリ藻自体には発光する力がないので、外からの光を遮ると光ることはできない。

竹岡弁天が祀られた洞窟は、深さ70センチの池で、ここで生育しているヒカリ藻は、洞窟が海岸の暖地にあるため、水が氷結することもなく、また洞窟内の壁面からは常に水滴が落ちてくるので、枯渇することもない。ヒカリ藻にとっては理想的な環境が保たれているのだ。

神奈川と千葉をつないでいる東京湾フェリーが発着する南房総の玄関口・金谷港。

房州石の産地・鋸山は石切り跡の岩肌が断崖絶壁で“地獄のぞき”の名所となる。

浜金谷

所 富津市金谷2209
開 大正5（1916）年10月11日
乗 278人

41-1

地名の由来になり、多くの神社が祭神として祀る

日本武尊伝説が多い千葉県

「都から東征に来た日本武尊（ヤマトタケルノミコト）が走水（現・東京湾の浦賀水道）を渡る時に嵐に遭い、妃の弟橘媛（オオタチバナヒメ）が海の神の怒りを鎮めるために身を捧げ、無事、上総国へ上陸できた」という伝説が古事記や日本書記に記されている。千葉県にはこの日本武尊ゆかりの地名や伝説が多い。たとえば富津市は、弟橘媛の衣の布が流れ着いたことから、「布が流れて来た津」が「布流津」になり、「富津」になったと言われている。また「袖ヶ浦」は、妃の袖が流れ着いたことから地名となった。日本武尊が上陸した地とされている「木更津」は、弟橘媛を偲んで詠んだ歌「君さらず袖しが浦に立つ浪のその面影を見るぞ悲しき」の「君去らず」が転訛した地名だ。

日本武尊が弟橘媛を思い「君不去」の歌を歌った地、と伝えられる木更津市の太田山公園には、塔の先端に日本武尊と弟橘媛の銅像が向かい合

昭和40年代に修復された、鋸山の日本寺で人気のある大仏(薬師瑠璃光如来)。

鋸山山麓駅から鋸山山頂駅まで、風光明媚な景色が楽しめる鋸山ロープウェー。

うきみさらずタワーが建つ。また木更津市には吾妻という地名があるが、これは日本武尊が弟橘姫を「我が妻」と呼んだ故事に由来するもの。吾妻神社も存在し、日本武尊と弟橘姫が祀られている。

姫の櫛が流れ着いたとされる富津市にも弟橘姫を祭神とする吾妻神社があり、境内は吾妻森と呼ばれる。

印旛沼の麻賀多（まかた）神社は、日本武尊が戦勝祈願した神社で、自然林の境内はパワースポットとして知られる。

保田

所 安房郡鋸南町保田249
開 大正６（１９１７）年８月１日
乗 ２５０人

42-1

全長31・05メートル。日本最大の磨崖仏がある
県指定の名勝・鋸山の日本寺

所在地 安房郡鋸南町鋸山
アクセス 保田駅から徒歩30分

富津市と鋸南町の境にある鋸山は岩肌が切り込んで立ち、遠くから見ると稜線がノコギリの歯のように起伏して見えるのでその名がついた。この独特の山容は、山全体が比較的もろい凝灰岩で出来ており、長い間

日本寺から山頂へかけての道筋には、石仏群が多数並ぶ。写真は百体観音。

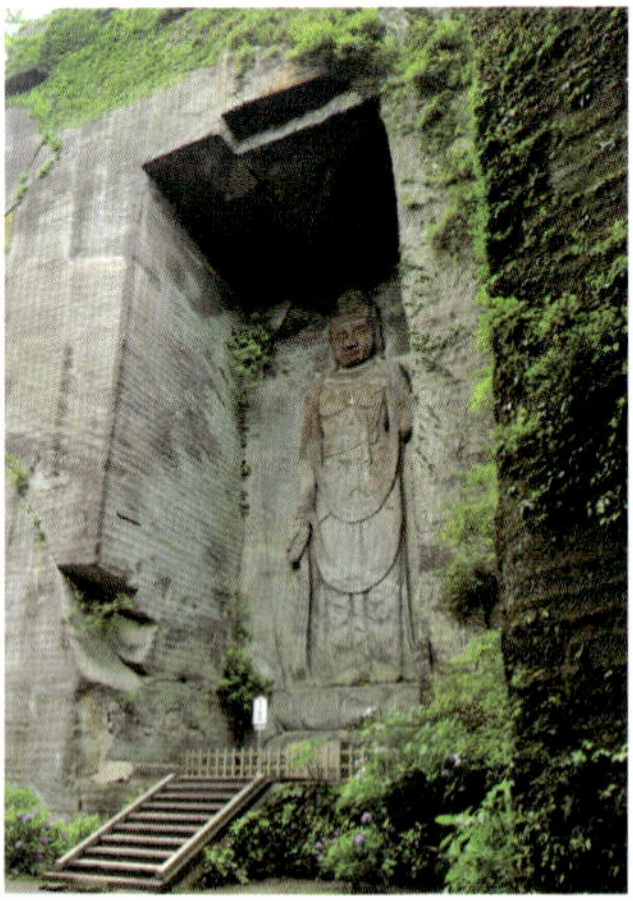

日本寺境内の山頂エリアで一番目を引く、交通安全を守る本尊「百尺観音」。

の風食によるものだ。標高わずか329・5メートルながら、その起伏の激しさは緩やかな房州丘陵の中では目立っており、昔から東京湾に入る船舶の目印になってきた。

山頂付近の白い絶壁はかつての石切り場跡で、ここから産出された石材・金谷石は横浜港の造成や京浜地帯の建築資材に使われた。展望台に行くとこの石切場がのぞき込める「地獄のぞき」と呼ばれるスリル満点の場所がある。山頂から眺める東京湾やなだらかな山並みの景観とは対照的だ。

対照的と言えば、石切場跡のある荒々しい北斜面とは雰囲気が違う、もの静かな南斜面。山腹には乾坤山日本寺がある。神亀2（725）年、聖武天皇の勅願により行基が開創したと伝えられる名刹だ。関東最古の曹洞宗の修道場として知られ、最盛期には7堂12院100坊が立ち並ぶ一大霊場だったという。

その後、長い歴史の中で戦火などによる荒廃と復興を繰り返してきたが、元禄7（1694）年に再建された仁王門や慈覚大師の作と言われる十一面千手観音像などの文化財が多数残っている。また安永年間、当時の住職、愚伝禅師が各地の信者から浄財をつのり、上総国桜井村の石工・大野甚五郎英令に彫らせた大石仏や千五百羅漢もこの寺の宝物だ。

“東海千五百羅漢”と呼ばれる石仏群は、江戸後期に奉納されたと言われる。

岩壁彫刻の薬師瑠璃光如来坐像
至るところに安置される羅漢像

参拝者を圧倒する大仏は、10万坪余りの境内で圧倒的な存在感を漂わせている。山の岩壁そのものを彫刻した薬師瑠璃光如来坐像で、その大きさは全長31.05メートル。日本最大の磨崖仏として君臨している。

江戸中期の天明3（1783）年に甚五郎が弟子27名とともに、約3年の歳月をかけて完成させたが歳月とともの浸食が進み、昭和40年代に復元工事を行い、現在の堂々とした姿を取り戻した。日本寺から山頂付近へかけての道筋の至るところに安置されている羅漢像も甚五郎と弟子たちが安永8（1779）年から20年の歳月を費やして刻んだものだ。

県指定の名勝でもある日本寺は、南房総国定公園の保護区域内にあるので、手が加えられていない自然を鑑賞しながら散策する人も多い。

ビワが素材のカレーなど、オリジナル商品が揃う「道の駅とみうら枇杷倶楽部」。

富浦町特産の房州びわは大粒で甘いのが特徴。皇室への献上ビワでも知られる。

富浦

乗 215人
開 大正7(1918)年8月10日
所 南房総市富浦町原岡451

43-1

世界初の「種なしビワ」も開発！
初夏を告げる果物の王様「房州ビワ」

千葉県は長崎県に次ぐビワの産地で、栽培地は県内でも温暖な房総半島南端部の南房総市、館山市、鋸南町に集中している。西日本産地のビワは細身で中粒の「茂木」が主力商品であるのに対して、房州ビワは大玉系品種が主体。「大房」「田中」「富房」など、大粒でみずみずしいビワが多い。収穫期は、ハウスビワが5月、露地ビワが6月となっている。千葉県におけるビワ栽培は、宝暦年間（1751〜1764年）に始められ、江戸時代中期には「房州ビワ」が市場に出荷された記録があるという。明治以降も盛んに栽培され、明治42（1909）年には安房郡富浦町（現・南房総市）の木村家が房州ビワを皇室に献上。以来、献上ビワは現在も続けられている。

「果物に季節感がなくなった」と言われる中で、ビワは唯一、初夏のほんの短い期間だけにお目見えする貴重な果物。しかし、消費者からは

海へ向かって広がる山には、かつて8代里見義頼が拠点にした岡本城があった。

オレンジの実をつけたビワの木の間から海が見えるのは房総ならではの魅力。

「あの大きな種の存在が気になる」という声が多い。そこで千葉県の農林総合研究センターでは、種なしブドウなどの技術を応用、品種名「希房」という種なしビワを開発。平成18（2006）年には品種登録し、平成20（2008）年に初出荷した。世界初の種なしビワの誕生だ。種がない分、果肉の量が約20％増え、丸かじりもできる。ただし、まだまだ高価なので贈答品向きだと言える。

ビワの主産地・富浦町では、収穫期間の短いビワが年間を通じて味わえるように、菓子や入浴剤などびわ加工品の販売にも力を入れている。

43-2

里見公園

里見水軍の本拠地だった岡本城跡

所在地 南房総市富浦町地先
アクセス 富浦駅から徒歩15分

岡本城跡は、富浦駅北の国道脇の標高50メートルの山上にあり、現在、里見公園となっている。軍記物によると、里見氏は戦国時代から江戸時代まで10代、約170年にわたって房総半島南部を拠点とした一族。敵対する後北条氏を攻めるために水軍を編成して積極的に相模へ侵攻するなど、関東では数少ない水軍を擁した一族としても知られていた。

東京湾を望む丘陵、木漏れ日の差す静かな木々の中には、「史跡 里見氏城跡 岡本城跡」の古い石碑(右)とその説明板が建っている。

そして里見７代の義弘は、三浦半島に対する水軍の本拠地として、家臣の岡本随縁斎からこの地を譲り受け、城を整備し、弟の義頼を城主として置いたという。その後、８代を継いだ義頼は、安房国内を拠点として、天正の内乱の勝利の後は久留里を引き上げ、この地を里見氏の根城とした。以降、館山城に移るまでの20年間はここが里見氏の本拠地であった。

東京湾を望む丘陵上に造られ岡本城の規模は、東西６００メートル、南北３００メートルに及び、この地域の城としてはとてつもなく大きな規模と複雑な構造を誇った。中心部分は３つの曲輪から構成され、斜面下から海に向かって広がる曲輪は港としての機能を持っていたと推定されている。

山頂の高台からは海岸沿いに広がる町並みが一望でき、桜の名所としても有名だ。近くには、どんな干天にも涸れることがなかったと伝わる「枡ヶ池」も残っており、この池は、南房総市の史跡に指定された。

館山駅ホームに停車中の特急「さざなみ」。現在は土休日を中心とした臨時列車になっている。

かつて館山城が建てられていた市内の城山公園からは、館山市街が一望できる。

館山

所 館山市北条1887
開 大正8（1919）年5月24日
乗 1692人

44-1

古代国府や里見氏の城跡、鎌倉との縁も残る館山

かつて房総の中心地は館山だった！

房総半島の先端に位置する館山市は、昭和14（1939）年、千葉県で5番目に市制が敷かれた、南房総の政治・経済・文化の中心都市である。鏡ヶ浦（館山湾）に面して広がる館山平野には、古代条里制の遺構が見られ、古くから歴史を持つ地であることが分かる。平安時代の神道資料『古語拾遺』によると、縄文時代の終わりごろ、天ノ富命（あめのとみのみこと）に率いられた四国の阿波忌部（いんべ）の拓殖部隊が、半島南岸に上陸し、各所に阿波で栽培していた、布や紙の原料の麻と穀（かじ）の種をまいた。そして良い麻が生えた地を「総の国」、阿波忌部の足場となった土地を安房の国と名付けた。これが「房総」という地名の起こりで、館山は房総開拓神話の発祥の地でもある。古代から近世に至るまで、館山平野には安房国の政治拠点が置かれて来た。古代の国府にはじまり、戦国時代の里見氏の居城、江戸時代の大名支配の陣屋などは、いずれも海上

こちらは船形山の崖の中腹にある祠に刻まれている崖観音(大福寺の境内)。

館山湾を見渡す那古山の中腹に立つ、江戸中期の寺院建築「那古寺観音堂」。

交通の要衝・鏡ヶ浦の湊につながる場所に位置している。

鏡ヶ浦に注ぐ平久里川を遡ると、古代安房国の役所・国府跡が南房総市(旧三芳村)の府中にある宝珠院境内辺りに、国分寺跡は現在の館山市国分寺とほぼ同じ場所で確認されている。また鏡ヶ浦周辺には、東京湾を行き来する人々が信仰した洲崎神社、海上生活をする人が信仰した崖観音・那古観音・鉈切神社、湊の歴史を伝える国司神社、鎌倉文化を伝える小網寺など、歴史の古い社寺が数多く点在する。

源頼朝が石橋山合戦で敗れ、安房の地に逃れてから、鎌倉幕府を開くまでの歴史的史実は、安房の歴史と重なる部分が多い。実際、安房には頼朝が立ち寄ったとされる場所が無数に伝えられている。洲崎神社や那古寺へは戦勝祈願で訪れており、三芳にある平松城は安房を出発するまで頼朝が拠点とした安西景益の屋敷跡と言われる。先年、国府跡と国分寺跡の間の滝川沿い萱野遺跡から、北条家ゆかりの鎌倉時代後期の瓦が出土した。これは鎌倉の鶴岡八幡宮や極楽寺・東長寺・建長寺など、北条得宗家と関係の深い寺院に限定して出土する瓦だ。また、館山平野周辺で数多く分布することが確認された横穴墳墓「やぐら」の存在も、安房と鎌倉の関係の深さをうかがわせる。

館山の城山公園中腹に建てられた歴史と民俗の博物館「館山市立博物館本館」。

安房に逃れた頼朝が戦勝祈願した洲崎神社。石の鳥居の向こうに参道が伸びる。

44-2

戦国大名里見氏の居城跡に建つ
館山市立博物館

所在地 館山市館山351-2
アクセス 館山駅からバスで「城山公園前」下車、徒歩5分

駅の南側に小高い丘があり、そこは1580年頃、9代里見義康によって築かれた城があった場所で、現在は「城山公園」として整備されている。その公園内にあるのが、館山市立博物館(本館)と、天守閣形式の八犬伝博物館だ。

本館は、館山市の歴史と民俗をテーマとする博物館で、展示フロアは2つに分かれており、1階にあるのは歴史展示室。古墳からの出土品や、戦国大名として名を馳せた里見氏にちなんだ資料などを通して、当時ことを知ることができる。2階には民俗展示室があり、ここでは農民の暮らしを伝えている。

本館を出て、坂を上がると、「里見城ノ跡石碑と千力猿」が見えてくる。民話にも登場する「千力猿」は、かつて里見家で飼われていた猿で、千人力の怪力を誇っていたという。戦にも出陣し、戦場でも大活躍したが、最後は敵に攻め込まれ、お城と共に火に包まれてしまった。

里見城ノ跡石碑と千力猿の正面には、昭和57(1982)年に建てられ

館山市立博物館分館「渚の博物館」は、房総の海洋民俗資料を展示している。

洲崎神社には富士山が見える浜鳥居があり、その先には御神石が置かれている。

た白壁の美しい「館山城」が建つ。城の内部が「八犬伝博物館」になっており、館内には、南総里見八犬伝に関する読本・枕草子・錦絵などが展示されている。天守閣は360度見渡せる展望台で、館山の海や街が一望できる。午前9時〜午後16時45分（最終入館は午後16時30分）、入館料大人400円、月曜休館（祝日の場合は翌日）。

戦国時代に現在の館山市街地の核をつくった里見氏

房総を支配した戦国大名里見氏は、東京湾に面したところにいくつもの城を持っていた。とくに里見氏の初期の居城・稲村城と、最後の居城・館山城は、いずれも安房を支配するための城として、陸上と海上交通との接点をもつ場所に築かれた。稲村城は国府の機能を引き継ぐ場所に立地。館山城では流通拠点として高の島湊を開発し、城下町も建設した。里見氏の館山城下町づくりは商船の入港を城下のみに限る強引な政策だったが、5年で館山から長須賀・北条まで町を拡大させ、現在の市街地の核を成立させている。

南にあるのが上総、北にあるのが下総なのに…地図上、上総と下総はなぜ上と下が逆なのか?

地図で北の方角が上に描かれる。西洋式の描法は、明治時代以降

良質の麻が栽培できた地であったことから、麻の古語「総（ふさ）」を冠に「総の国」と名づけられたという千葉県。その後、総の国は上総国と下総国の二つに分かれ、さらに奈良時代に上総国から安房国が分かれ、三つの国になった。この旧国名がそのまま現在でも使われていることから、地図で見ると北部が下総で、南部が上総になっているのは逆ではないか、と疑問を持つ。北にあるほうが「上」というイメージが強いからだ。しかし、地図で北の方角が上に描かれるようになったのは、明治時代以降、西洋近代の地図の描法が取り入れられてからだ。江戸時代以前には地図上の「上下（じょう・げ）」ではなく、都からの距離で「上下（かみ・しも）」に分けられていた。

昔の東海道は、相模国まで来ると、三浦半島から船で上総国に上陸

それにしても、都のある畿内から房総へ来る場合、東海道を通り、相模国（神奈川県）、武蔵国（東京都）を経て、先に下総国へ入るルートをイメージし、やはり下総の方が都に近いのではないかと思ってしまう。この疑問は、当時の東海道のルートを知ると解ける。陸路が整備されていなかった昔の東海道は、相模国まで来ると、三浦半島から船で浦賀水道を抜けて上総国に上陸。北上して下総国へ入っていたからだ。つまり、南に位置する上総のほうが畿内に近くなるため、「上」という字がついたのだ。その後、陸路が整備された武蔵国も東海道へ編入され、海路を利用するルートよりも重宝されるようになったが、旧国名はそのまま残され、現在に至っている。

千倉

所 南房総市千倉町瀬戸2079
開 大正10(1921)年6月1日
乗 349人

45-1

船上で生まれた素朴な郷土料理「なめろう」

新鮮なアジやイワシを包丁で細かくたたき、味噌を混ぜて練り合わせた「なめろう」。もともとは漁師が船の上で漁の合間に調理し、食べたのが始まり。美味しくて皿までなめたので「なめろう」という名がついた。味噌を使ったのは揺れる船でこぼれないための知恵だったという。

南房総市千倉町には、この漁師料理を初めて店でふるまった「なめろう発祥の地」と呼ばれる老舗の料理屋・大徳家がある。五代目のご主人は「南房総なめろう研究会」の会長でもあり、房総漁師の伝統を守り、房州料理のソウルフードとしての「なめろう」「さんが焼き」を広める活動をしている。さんが焼きというのは、なめろうを軽く焦げ目をつけて焼いたもので、これも房州の家庭に伝わる郷土料理になっている。

鮮魚を刻み、味噌と薬味で粘りが出るまで叩く、シンプルな料理の"なめろう"。

高家神社の行事の一つ、"庖丁式"も有名。拝殿の左右には庖丁塚がある。

日本で唯一料理の神様を祀る神社。境内から千倉の町と雄大な太平洋が望める。

45-2

全国唯一、板前さんの元祖を祀る「高家神社」

所在地 南房総市千倉町南朝夷164
アクセス 千倉駅からバスで「高家神社入口」下車

千倉町は、かつては安房郡に存在していた町で、平成18（2006）年3月に、同じ郡内の富浦町・富山町・三芳村・丸山町・和田町・白浜町と合併して南房総市となった。昔から「花と魚の町」で知られているが、もう一つ千倉を有名にしているのが、地区内に日本で唯一、料理の神様を祀る「高家（たかべ）神社」があることだ。主祭神は日本書紀の高橋氏文に登場する磐鹿六雁命（いわかむつかりのみこと）。庖丁一本で天皇の料理番を務めた、いわば板前さんの元祖である。全国から料理関係者が参拝に訪れるのも頷ける。また、毎年5・10・11月には、平安時代の宮中行事を再現した包丁と箸だけで魚をさばく、古式ゆかしい「庖丁式」が行われている。

太海

ふとみ

所 鴨川市太海2035
開 大正13（1924）年7月25日
乗 81人

温暖な房総の魅力が満喫できる花の観光スポット。海の釣堀も名物コーナーだ。

太海の沖合約200mにあり、周囲約4kmの「仁左衛門島」は個人所有の島。

46-1

仁右衛門島

頼朝伝説で知られる個人所有の島

所在地 鴨川市太海浜４４５

アクセス 太海駅から渡船場まで徒歩12分、渡し船で5分

太海駅から徒歩5分のところに「鴨川市営太海フラワーセンター」がある。８棟もある大温室には、熱帯、亜熱帯の珍しい植物が３００種以上もあり、四季を通じて観光客が絶えない。そして太海のもう一つの観光の目玉が、このセンターの前から渡し船で渡れる仁右衛門島だ。島には源頼朝伝説がある。「今から８００年以上前、石橋山の戦いに敗れた頼朝が安房に逃れた際、平野仁右衛門に助けられ、この島に匿われた。その後、頼朝から子孫相伝の島の所有権と周辺の漁業権を与えられた」のが、〝仁右衛門島〟の名の起こりだという。現在も平野家（38代目）が島に住んでおり、観光客に公開もしている。太海の沖合約２００メートルにあり、泳力に自信のある人なら泳いでも数分しかかからないが、入場料と渡し賃がセットになっており、勝手に上陸するわけにはいかない。全島砂岩からなる島は風光明媚な自然の楽園で、金銀針茄子（キンギンハリナス）という珍しい植物も見られ、県指定名勝になっている。新日本百景にも選ばれている。島の見学は8時30分～17時、大人１３５０円。

スイッチバック構造時代の大網駅構内に停車する気動車。（昭和46年）

東金線

大網

所 大網白里市南玉21-7
開 明治29（1896）年1月20日
乗 1万521人

47-1

スイッチバック方式だった旧大網駅跡地が公園に

大網駅を出てすぐ右手には、金谷踏切という踏切があり、その脇に本線から枝分かれした100メートルほどの線路が。これは旧大網駅から外房線につながっていた線路の跡だ。

そして、金谷踏切を過ぎてすぐ右側に見える公園が旧大網駅の跡地だ。明治29（1896）年1月20日、房総鉄道の開業と共に設置された旧大網駅は、当時、スイッチバックの方式がとられ、千葉から大網までと大網から一宮方面までは、列車の前後が入れ替わった。当時は貨物輸送も行っており、機関車（電化前はSL）の馬力も今の車両より小さく、スイッチバックをせざるを得なかったのだ。その後、スイッチバック方式は解消され、昭和47（1972）年5月27日に設置されたのが、数百メートル離れた場所に作られた現在の大網駅だ。

壮大な大西洋から上る朝日を浜辺で眺められるのが「九十九里浜初日の出」の魅力だ。

長い海岸線を誇る九十九里浜は、「日本三大砂丘」の一つである砂浜も美しい。

東金

所 東金市東金585
開 明治33（1900）年6月30日
乗 4256人

48-1

日本一の長さを誇る海岸線
日本三大砂丘の一つ「九十九里浜」

房総半島の東岸で太平洋に面した九十九里浜は、北の旭市刑部岬から南のいすみ市太東岬まで全長約66キロメートル、2市10町2村にまたがる日本一の長さを誇る海岸線だ。また、弓状に湾曲した美しい形状も有名で、海浜一帯は県立九十九里自然公園に指定され、日本の白砂青松100選と日本の渚百選にも選定されている。また鳥取砂丘（鳥取県）、吹上浜（鹿児島県）とともに日本三大砂丘の一つでもある。穏やかで遠浅の海は県内屈指の海水浴場だが、九十九里町北側の作田海岸には、太平洋の高い波を日当てにサーファーたちが詰めかける。東京から車で1時間少々という近さも観光地として人気を呼んでいる。

ところでこの九十九里が文字通り99里の長さなのか、というと、現在の「1里＝約3・9キロ」の換算では実際の距離とは合わない。しかし、鎌倉時代より前の古代の測量では1里＝6町（1町は約109メートル）

東金線

八鶴湖畔にある最福寺には、「家康公と日善上人の像」が建っている。

家康が狩りするための道は御成街道と言われた。写真は、御成街道おあし付近。

で654メートル、これに99を掛けると6万4744メートルとなり、約65キロで九十九里浜の長さに近くなる。九十九里地域には「戦の帰りに浜に立ち寄った源頼朝が、1里ごとに矢を指して測らせたところ99本目で終わったことから『九十九里浜』と命名した」という伝説がある。

この伝説を裏付ける形で、旭市には矢指ヶ浦、山武市蓮沼地区には箭挿（やさし）神社という名称が残っている。また、実測で使わなかった100本目の矢を埋めた場所が多古町の「矢指塚」だとも伝わっている。

48-2

鷹狩りで造られた御成街道が有名

家康ゆかりの場所が多い「東金」

船橋から東金まで直線で伸びる古街道は、徳川家康が鷹狩りをするために佐倉藩主であった土井利勝に造らせたという御成街道だ。老中でもあった利勝は短期間で工事を完成させるため、沿道の村々の農民たちに総出で手伝わせ、わずか27日で御成街道を造ったという。工事のスピードを揶揄して御成街道は「一夜街道」とも呼ばれる。

家康は鷹狩りが好きで江戸周辺に御鷹場を設け、宿泊するための御殿

家康の東金御殿築造の際に造った御殿池が現在の八鶴湖。見事な景観を誇る。

家康が東金に鷹狩りに行って宿泊した、という「東金御殿跡」にある案内板。

も造らせたが、中でも東金市に造られた東金御殿の規模が最も大きい。何しろ６７００坪の敷地に40以上の部屋があったという。

現在、県立東金高校のある地域が、家康の宿泊所として使われたという東金御殿が建っていた場所で、背後の山は御殿山と呼ばれている。東金御殿を建てる時に、小さな池を広げて造ったのが八鶴湖。周囲８００メートルほどの池なので、湖というよりも池と呼ぶほうがふさわしい。三方を小高い丘に囲まれた景観は美しく、昔から多くの文人が訪れている。現在、八鶴湖の周りには約１０００本の桜が植えられており、桜の名所としても知られている。

八鶴湖畔にある最福寺は、家康が日善上人と会談した寺で、その模様を再現した像が建っている。また近くの本漸寺には「家康公お手植えみかん」の木が残っている。東金特産のゆずはこれがルーツだというが、現在東金に主たるゆずの生産地はなく、農家が自家用に植えている程度だ。ただしゆずを原料とした羊羹などは東金土産として売られている。

東金食虫植物群落には文字通り珍しい食虫植物が群生し、人々を驚かせている。

大正時代に日本で初めて天然記念物に指定された「成東の東金食虫植物群落」。

成東

所 山武市津辺305
開 明治30（1897）年5月1日
乗 2892人

49-1

珍しい食虫植物が群生する
成東・東金食虫植物群落

所在地 山武市島字畑田464-8
アクセス 成東駅から徒歩20分、成東駅からバスで「殿台」下車すぐ

わが国最初の天然記念物の一つとして大正9（1920）年に指定された成東・東金食虫植物群落は、九十九里平野の中央に流れる作田川に沿った低湿地で、山武市と東金市にまたがって広がっている。

天然記念物として指定された理由は、特異な湿性植物が多いことだ。中でも食虫植物の種類が豊富で、しかも群生するのは全国的にも稀なケースで注目されている。指定地の面積は約3・2ヘクタールあり、そこに300種以上の植物が自生している。食虫植物としては、葉に粘毛を備えて虫を捕えるモウセンゴケ、コモウセンゴケ、イシモチソウ、ナガバノイシモチソウ。また、茎や葉にある捕虫のうで水中や地中の微小な虫を捕えるタヌキモ科のミミカキグサ、ホザキノミミカキグサ、ムラサキミミカキグサ、イヌタヌキモなども確認されている。食虫植物以外に

南区のやや乾燥気味の土壌に育つ「コモウセンゴケ」。彩りが鮮やで美しい。

長い腺毛の先端にある粘液滴で虫などを捕獲する黄色い花のイチモチソウ。

も、ノハナショウブ、ヒメハッカなど希少な湿生植物が多く自生、環境省が作成したレッドデータリストのうち18種が存在する貴重な湿原である。

群落内には2本の木の道が整備されており、中央水路によって北区・南区と追加指定区に分かれている。これは地表の高低差によるもので、北区はほかよりも標高が低く地下水位が高いためモウセンゴケやナガバノイシモチソウが多い。南区は北区よりも標高が若干高いため、やや乾燥気味の土壌に育つコモウセンゴケ、イシモチソウが目立つ。見頃の時期は種類によって違い、7～8月に最も多くの種類が観察できるが、イシモチソウの観察はそれより早い5～6月頃だ。管理棟開館：4月～8月(毎日)9時～16時まで、9月～10月(土日祝日)10時～15時まで。

49-2

山武市歴史民俗資料館

成東は歌人・伊藤左千夫生誕の地

所在地▶山武市殿台392

アクセス▶成東駅から徒歩15分

小説「野菊の墓」の作者として知られる作家・歌人の伊藤左千夫は、元治元(1864)年に、成東町(現・山武市)殿台で生まれた。

資料館の近くに出来た伊藤左千夫公園。野菊の墓の政夫と民子の像がある。

成東出身の伊藤左千夫が残した作品などを展示する山武市歴史民俗資料館。

明治33（1900）年、正岡子規に心酔してその門に入り、根岸短歌会の一員として作歌活動に精進する。「牛飼が歌よむ時に世の中の新しき歌大いに起こる」という有名な作品は、この頃詠んだものだ。

子規の没後、左千夫は「馬酔木（あしび）」を、次いで「アララギ」を率いて近代短歌の創出に情熱を傾ける。一方、小説の分野でも活躍、「野菊の墓」「分家」などの名作を残している。

成東駅の東南徒歩15分のところに左千夫の生家があり、敷地内には、山武市歴史民俗資料館が設けられ、左千夫が残した作品や遺品、また資料なども多数展示されている。

平成3（1991）年には、近くに伊藤左千夫記念公園もでき、左千夫が好きだった椎の木をはじめいろいろな樹木や草花が植えられた。園の中央には、野菊の墓の政夫と民子の像があるほか、アララギ派八歌人（正岡子規、斎藤茂吉など）の歌碑などが建てられている。記念公園から左千夫の生家のある「歴史民俗資料館」までは、野菊路と呼ばれる散歩道で結ばれている。9時〜16時30分、月曜休館（祝日の場合は翌日）。

町の至るところに設置されている、貴重な天然水「久留里の自噴井戸」。

君津市山本に5ヵ所ある、「殿の下井戸」と呼ばれる自噴井戸の一つ。

久留里線

小櫃《おびつ》

所 君津市末吉152
開 大正元（1912）年12月28日
乗 154人

50-1

水神様も祀られた貴重な天然水 山本の「殿の下井戸」

所在地 君津市山本
アクセス 小櫃駅から徒歩30分

君津市山本には昭和62（1987）年に掘削した自噴井戸が5か所にある。地元の水源不足対策と農業環境保全のために行われたもので、その中の一つが、この「殿の下井戸」と呼ばれる井戸だ。

かつてこの地には、現在の木更津市下郡字湯名谷とまたがり、里見氏の臣下・山本由那之丞の居城があった（「千葉懸誌」大正2年刊）。現在でも「東殿の下」「殿の下」の小字名が残っており、5か所の自噴井戸のうち、「殿の下」にある2か所の井戸は、「殿の下井戸」と呼ばれている。

これらの井戸は、完成して3年ほどで生活用水として定着。地元約50戸の生活にとって、なくてはならないものとなった。井戸は深いもので

久留里城址資料館前には、久留里藩主につかえた新井白石の像が建っている。

明治百年事業として計画され、この「久留里城」が復元された。

地下６００メートルもあり、水量は毎分１５０～４００リットル。無色無臭の豊富な地下水が24時間湧き出ている。

井戸水は、地元住民の利用を中心に、市内各地や東京都内からも利用する人が増えており、最近ではゲンジボタルが確認できるほどに自然の再生も見られるようになった。これら自然の恵みに対する地元住民の感謝の気持ちから、「殿の下」の井戸には、天宮（水神様）が祭られており、各井戸それぞれ周辺住民により管理、維持が続けられている。また、貴重な天然水は、君津市の次世代に伝えたい20世紀遺産に指定されている。

久留里

所 君津市久留里市場１９８
開 大正元（１９１２）年12月28日
乗 ４１４人

51-1

君津市の20世紀遺産の一つ 復元された「久留里城」

所在地 君津市久留里
アクセス 久留里駅から徒歩35分

久留里城は別名雨城と呼ばれている。「久留里記」によれば「城成就して、三日に一度ずつ雨降る事二十一度なりしかば」とあるように築城の

久留里城跡資料館の野外には、明治中期の「水道木管」も展示されている。

二の丸跡地に建てられた久留里城址資料館脇の展望所から望む三の丸跡。

時期に不思議に雨が続いたという伝説がある。

この城は、高さ180メートルの城山山頂に築かれ、戦国時代は上総を治めた里見氏の軍事拠点だった。四方が切り立った崖で、小櫃川を外濠として活かし、関東屈指の要塞の地として存在した。

その後、里見・土屋・黒田と城主が遷り変わり、黒田直純により現在城址として残る近世城郭として整備され、久留里藩の藩庁として機能した。

明治5（1955）年に廃城となり、城の建物は解体されたが、その後城山公園として整備され、昭和53（1978）年、地元民をはじめとする多くの人々の願いで本丸跡地に模擬天守閣が再建された。実際に建っていた城とは大幅に異なり、浜松城の模擬天守をモデルにした2層3階のRC造りで、展望台的な意味合いが強い。翌年には二の丸跡地に資料館も完成した。久留里城は君津市の次世代に伝えたい20世紀遺産に指定されていると共に千葉眺望百景にも登録されている。

51-2

君津市立久留里城址資料館

野外には上総掘りの足場も復元

所在地　君津市久留里字内山

アクセス　久留里駅から徒歩30分

昭和30年代に城郭跡地を公園にした時に、本丸の天守閣跡地も整備された。

久留里城址公園に建てられている、「君津市立久留里城址資料館」。

久留里城址公園内に建てられた「君津市立久留里資料館」は、昭和54（1979）年8月1日にオープンした。周辺の国有林には、山城としての遺構が良い状態で残されており、恵まれた自然環境の中に立地している。資料館西側の絶壁の上から、里見氏と北条氏の古戦場や黒田氏時代の三之丸跡が望める。

館内は、「ふるさとの歴史と自然を訪ねて」をテーマに、「郷土を掘る」「城と武士」「信仰と文化」の3部構成で展示・解説されている。市内で出土した武士が使用した刀剣や鉄砲、調度品、絵馬、神楽道具などがズラリ並ぶ。

野外には、明治時代中頃に君津地方で考案された掘抜井戸の掘削技術を伝える「上総掘り」の足場（櫓）も復元されている。また、資料館前には、郷土ゆかりの偉人として「新井白石」の銅像が建つ。白石は、江戸時代の有名な学者・政治家で、幼少より青年期まで久留里藩主の土屋利直に仕えた。周辺には、久留里の名水、君津市森林体験交流センターなどもある。9時00分～16時30分、月曜日（祝・休日の場合は開館し、翌日休館）。

亀山湖には大小25の橋が架かる。写真は紅葉の季節に映える「小月橋」。

大自然に囲まれ、県下一の湖を有数観光地として注目されているる亀山湖周辺。

上総亀山

所 君津市藤林98
開 昭和11（1936）年3月25日
乗 90人

52-1

房総の奥座敷として人気
亀山湖周辺

所在地 君津市川俣旧川俣
アクセス 上総亀山駅から徒歩10分

小櫃川の上流に位置する亀山ダムは、昭和46（1971）年から10年の歳月をかけ、昭和56（1981）年3月に完成した、千葉県で最初のそして最大の多目的ダムだ。現在、房総半島の奥座敷として大自然に囲まれ、県下一の湖を有する観光地として知られている。ダム湖である亀山湖は、四季折々に美しい表情を見せ、25橋巡りのサイクリングやハイキング、周辺各所にはボートハウスがあり、ボート遊びや釣りなどが楽しめる。また、キャンプ場や湖畔公園なども整備されている。毎年8月に開催される亀山湖上祭では、5000発の花火が打ち上げられ、夜空と湖面が彩られる。さらに11月にはオータムフェスティバル、3月にはスプリングフェスティバルと亀山の自然を満喫するイベントは続く。湖畔周辺には、ホテルや温泉なども充実している。

市内に残る武家屋敷で、最も古い旧河原家住宅。長い縁側が特徴になっている。

江戸時代、佐倉藩士が暮らした武家屋敷の旧但馬家住宅（佐倉市指定有形文化財）。

成田線

佐倉

所 佐倉市六崎235-2
開 明治27（1894）年7月20日
乗 1万207人

53-1

町全体が博物館の「佐倉」
城下町の面影が残る「武家屋敷」

所在地 佐倉市宮小路57
アクセス 佐倉駅から徒歩15分

房総屈指の城下町と言われて来た佐倉市は、今も古き歴史と文化の面影を色濃く残している。市の中央を流れる鹿島川脇の台地にある佐倉城址公園は、桜の名所として知られ、本丸跡や二の門跡、三の門跡近くにある約750本の桜はほとんどがソメイヨシノで花見の時期には多くの人で賑わう。この地に佐倉城が築かれたのは江戸時代初期の元和2（1616）年頃。藩主土井利勝によって築城された。城を防御するため道は狭く、見通しのきかない直角の曲がり角を数カ所造るなど、城下町の基礎はこの頃に造られている。現在残っている武家屋敷のうち、復元公開されている3棟は中に入って見学できる。

釈迦堂の前の本堂であり、江戸時代中期に建てられた重要文化財の「光明堂」。

成田山新勝寺。重要文化財三重塔と並ぶのは護摩祈祷を行う中心道場の大本堂。

成田

所 成田市花崎町839
開 明治30（1897）年1月19日
乗 1万5797人

54-1

歌舞伎役者市川團十郎が有名にした 庶民信仰の「成田山新勝寺」

所在地 成田市成田1番地
アクセス 成田駅から徒歩10分

成田山新勝寺の開山は天慶3（940）年。「新皇」を自称する平将門が反乱を起こし、時の朱雀天皇の命を受けた寛朝大僧正が護摩焚きで平定を祈願。21日目の満願の日に将門が討たれて乱が収まった。これを感謝した天皇は成田の地にお堂を建立し、新たに勝った、ということで「神護新勝寺」の寺号を授けたのが始まりという。その後、一時廃れるが、江戸時代中期に「新勝寺中興の祖」と言われる照範が住職に就任。鐘楼堂や三重塔などを建立するほか、江戸でたびたび成田不動の出開帳（秘宝公開）を行い、庶民の信仰を集めるようになる。新勝寺から近い幡谷出身の初代市川團十郎も代々成田不動を信仰。祈願が成就して長男（二代目團十郎）を授かったことから〝成田屋〟の屋号を名乗り、不動明王のご利益を芝居にして演じ、さらに江戸っ子の成田参詣は盛んになる。

江戸時代の成田詣りでも人気
昔も今も成田名物は「うなぎ」

日本でうなぎが強壮食とされたのは、古く奈良時代からで、万葉集の中でも大伴家持が「石麻呂にわれもの申す　夏やせによしという物ぞ鰻とりめせ」と詠んでいる。また、土用の丑の日にうなぎを食べる習慣は江戸時代からあり、このブームをつくったのは江戸中期に活躍した戯曲家の平賀源内だと言われる。うなぎ好きの源内が書物に記して広めた説、商売繁盛のアイデアを求めに来た鰻屋に、「本日は土用の丑、鰻食うべし」との看板を出せばいいとアドバイスしたのが当たったという説もある。いずれにもしても江戸時代からうなぎは人々に「精がつく食べ物」として好まれ、江戸庶民のレジャーの一つ、成田詣りでは、うなぎを扱う川魚料理屋が繁盛したという。

現在でも成田名物と言えば「うなぎ」で、JR 成田駅から歩いて 15 分ほどの成田山参道にはうなぎを出す老舗が並び、伝統の味を競いあっている。しょうゆとみりんのタレにうなぎの脂があいまった蒲焼き独特の香りが店の外まで漂っている。うなぎは日本各地に広く生息しているが、成田では古くから利根川と印旛沼で捕れるものが多い。もともとは川魚料理として出したが、江戸で人気が高まったので夏場のうなぎ料理を売り物にするようになった。

江戸時代にうなぎを割く調理法ができる以前は、筒切りにしたまま焼いており、その形が蒲（ガマ）の穂に似ていることから「蒲焼き」と呼ばれるようになったと伝わっている。

江戸中期に造られた水戸屋の蔵。間口9間、奥行き3間で、元は米蔵だった。

商家町の歴史的景観を残す佐原の町並みは「重要伝統的建造物群保存地区」。

佐原

所 香取市佐原イ74
開 明治31（1898）年2月3日
乗 3127人

55-1

国選定重要伝統的建造物群保存地区歴史的景観を残す「佐原の町並み」

江戸時代から利根川の水運を利用して栄え、「北総の小江戸」と呼ばれた佐原。町の中を川が流れ、水郷の町としても有名だ。舟運の中継地として多くの物資や人が集まり、江戸から来た文化も独自の文化へと昇華させていったことで、「江戸優り（えどまさり）」と評価された。

その面影を残しているのが、現在香取市の市街地にある歴史的な建造物が多く残る町並みである。JR佐原駅から徒歩10分。小野川の川岸を中心に風情ある建物が点在している。これらは佐原が華やかだった江戸時代末期から昭和初期に建てられた木造の町家や蔵づくりの店、洋風建築などだ。一帯は、歴史的な景観であると認められ、平成8（1996）年、関東で初めて重要伝統的建造物群保存地区（重伝建）に選定された。

「重伝建」には、寛政5（1793）年に建てられた伊能忠敬旧宅（国指定史跡）のほか、県指定文化財も8件（13棟）含まれ、観光客の人気を集

右：明治の建築で、防火を意識して土蔵造りの店舗にしている「正文堂書店」。
左：JR佐原駅近くの公園に建つ伊能忠敬の銅像（1919年造）は、測量の旅姿だ。

めている。また、昔からの家業を引き継いで今も営業を続けている商家も多く、「生きている町並み」としてもクローズアップされている。

町の保存と繁栄を願う商家の女性たちは、「佐原おかみさん会」を結成。市や商工会議所の協力のもと、平成17（2005）年からは「佐原まちぐるみ博物館」を始めた。これは各家々が博物館になり、昔から保管されていた伝統的な道具や生活用品を観光客に公開。佐原の伝統や文化に触れてもらうのが目的という。この官民一体の町づくり運動は、観光客を増やすモデルケースにもなっている。

55-2

わが国初の実測日本地図を作成した
伊能忠敬生誕の地

伊能忠敬は、17歳で上総小関村（現・九十九里町）から下総佐原の商家伊能家の婿養子となる。30数年間は家業の酒造・米穀業に励み、50歳で隠居。家督を子息の景敬に譲り、念願だった天文暦学を学ぶために江戸に出る。高齢化社会の現代においても手本となる生き方だ。

江戸へ出た忠敬は、幕府天文方の高橋至時に学び、師の作った測量器機を使って、まず蝦夷地の測量に着手する。この時の経験を活かし、そ

醸造業などを営んでいた伊能家の暮らしぶりがうかがわれる建物内部。

17歳から50歳まで30年余りを過ごしたという伊能忠敬旧宅（国史跡指定）。

の後、日本列島各地を実際に歩きながら、本格的な測量を開始した。そして55歳から71歳までの17年間、忠敬は測量隊をつくって約4万キロもの国土を踏査。まさに超人的な努力を重ねて「大日本沿海輿地全図」の作成に命をかけた。

忠敬は、文政元（1818）年に73歳で亡くなったが、忠敬の志を継いだ弟子たちにより地図づくりは続けられ、3年後の文政4（1821）年、日本初となる実測日本地図「大日本沿海輿地全図」（伊能図）が完成した。作成された地図は、西洋の近代地図と比べても遜色のない精緻なもので海外でも高く評価された。

観光地として有名になった佐原の町には、商家造りの瓦葺き平屋建ての伊能忠敬旧宅が残されている。母屋は寛政5（1793）年、忠敬が48歳の時に自身の設計で造られたものだという。旧宅は、屋敷内の土蔵を含め、国史跡に指定されている。以前は隣接して記念館が建てられていたが、建物の老朽化や展示面積の狭さなどで、平成10（1998）年、小野川の対岸に新記念館が開館している。

郷土の偉人・伊能忠敬を讃えた「伊能忠敬記念館」

地元有志からの寄付金をきっかけに建て替えが実現したという新記念館は、鉄筋コンクリート造り平家建て（1 部 2 階縦）。歴史ある町並みを配慮して、外観も町屋・土蔵造り風になっている。

内部は 2 つの展示室とエントランスホール、収蔵庫、事務室で構成。展示内容は、佐原時代→全国測量へ→伊能図の完成→人間忠敬→地図の世界と、伊能忠敬の足跡が分かりやすく説明されている。

記念館に収蔵されている資料群は全部で 2345 点と膨大な数だ。その内訳は地図・絵図類 787 点、文書・記録類 569 点、書状類 398 点、典籍類 528 点、器具類 63 点。いずれも、平成 22（2010）年に重要文化財から国宝に指定された貴重なものばかりで見応えがある。

伝統の味「黒切そば」が有名。小堀屋本店

佐原の町並みにある小堀屋本店は天明 2（1782）年創業の蕎麦屋で、伊能忠敬も通ったと言われる老舗。当時の味を伝える「黒切そば」は、昆布を加工して練り込んだもの。現在の店は明治 25（1892）年に建てられたもので県有形文化財。伝統の味を風情ある建物で食べられるとあって人気を呼んでいる。11 時～ 16 時 水曜日休、☎ 0478-52-4128

市街地の中心を流れる小野川を境に、東側を本宿、西側を新宿と呼んでいる。

山車の飾りが日本一大きい「佐原の大祭」。人形以外にもわら細工も登場。

55-3

国指定重要無形民俗文化財「佐原の大祭」

山車に飾る人形の大きさは日本一！

「お江戸見たけりゃ佐原へござれ　佐原本町江戸優り」と戯れ歌が生まれるほど繁栄した佐原の町は、江戸独自の文化が育まれた地。その集大成と言われているのが、関東三大山車祭りの一つ、「佐原の大祭」だ。

300年以上の歴史を持つ由緒ある祭りだが、その特色は、何と言ってもきらびやかな彫刻を施された山車と、その上に乗る大きな飾り物だ。鯉や鷹のわら細工もあるが、ほとんどが神話や歴史上の人物を象徴した4〜5メートルにも及ぶ大人形だ。その大きさは他では見られないので地元では「日本一！」と誇る。またもう一つ話題になるのが、市街地の中心を流れる小野川を境に東側を本宿、西側を新宿と呼び、それぞれが「夏祭り」「秋祭り」として別々に大祭を行うことだ。

本宿は中世から続く昔からの地域で、新宿は天正年間（1573〜1591年）に新しくできた地域。もともとはどちらも佐原村の鎮守として祇園信仰の天王社を祀っていたが、その後、新宿は新たに諏訪社を鎮守として祀るようになった。これにより、7月の本宿夏祭りは八坂神社祇園祭で、小野川の東一帯の本宿地区を10台の山車が曳き廻される。

佐原の山車会館には、大祭で曳き廻される山車や人形などを常時展示している。

夏祭りに行われる「下仲町の山車」。山車人形は学問の神様・菅原道真。

一方、10月の新宿秋祭りは、練物を中心とした諏訪の祭礼を新たに企画したもので、西側一帯の新宿地区で14台の山車が曳き廻される。いずれも日本三大囃子の佐原囃子の音を響かせながら、家々の軒先をかすめて進む。また重厚な彫刻の山車、江戸・明治期の名人人形師によって制作された大人形の飾り付けも共通している。

55-4

大祭行事の歴史や山車を展示する「水郷佐原山車会館」

小江戸佐原の一大イベントとなる佐原の大祭は、夏祭りも秋祭りもユネスコ無形文化遺産、国指定重要文化財に指定されている。

現在の飾り物は大人形が主流だが、もともとは山車が出る年ごとに氏子が手づくりで作っていた。鯉や鷹などわら細工の飾り物にその面影を見ることができる。その後、江戸後期になると人形師に製作を依頼するようになり、素朴だった祭りが町内ごとに華やかさを競い合うようになる。大規模化は享保6（1721）年の新宿祭りから、という記録が残っており、現在の佐原の大祭の起源は、この享保6年としている。

JR佐原駅から徒歩15分の水郷佐原山車会館では、大祭行事の伝統文化を紹介。夏祭り、秋祭りの山車を入れ替えながら展示している。

水郷佐原あやめパークのハス祭り。舟で水面に浮かぶハスを見ることができる。

水郷佐原あやめパークに咲くハナショウブの品種と数は東洋一を誇っている。

55-5

ハナショウブの品種と数は東洋一

香取市が誇る「水郷佐原あやめパーク」

所在地 香取市扇島1837-2

アクセス 佐原駅からバス「水郷佐原あやめパーク」下車

利根川下流域から霞ヶ浦一帯は、水郷と呼ばれる景勝地で、水郷筑波国定公園に指定されている。その国定公園内に香取市の観光レクリエーション施設「水郷佐原あやめパーク(旧水郷佐原水生植物園)」がある。

もともとあやめパーク一帯は、利根川の河川改修によってできた洲を開拓した地域で、昭和30年代頃までは交通手段や農作業に舟が使われていた。しかし、時代とともに土地改良が進み、利便性が高まった反面、水郷の美しい景観は失われつつあった。そこで香取市では水郷の趣を残すために、昭和44(1969)年に水郷佐原水生植物園を開園した。平成29(2017)年4月には、隣接の与田浦を一体にして拡大。名称も「水郷佐原あやめパーク」に変更してプレオープンしたばかりだ。約8ヘクタールになった広大な水郷佐原あやめパークの園内には、島や橋、水面を配置し、アヤメやハナショウブ、ハスなどが植えられ、まさに水郷の景観が再現されている。

あやめパークのメインイベントである6月のあやめ祭りでは、江戸・

女船頭が操るサッパ舟に揺られて十二橋めぐりができる「加藤十二橋めぐり」

肥後・伊勢系など４００品種１５０万本のハナショウブが植えられ、その数は東洋一を誇る。また園内では、昭和30年代頃まではこの地域で実際に行われていたという、舟でお披露目をする「嫁入り舟」を再現した本物の結婚式が行われる。これは、あらかじめ抽選で選ばれていたカップルが、花嫁は白無垢、花婿は紋付き袴の和装で舟に乗り、実際に香取神宮行き、そこで挙式を行うイベントだ。

300品種以上の花ハスを栽培
ハスの品種の多さでも日本一！

水郷佐原あやめパークでは、7月から8月にかけて行われるハス祭りも有名だ。パーク内には、中国南京市から送られた珍しい千弁蓮（多頭蓮）など、日本では見られない貴重なハスなど約300種以上が栽培されている。その品種の多さは日本一と言われ、開花期には世界最古の大賀ハスをはじめ、舞妃蓮、南京から送られた中国種などが咲き競う。昼間は閉じているハスの花を朝に観賞できる早朝観蓮会も開催している。

また与田浦を一体化したことで、これまで園内を周遊していたさっぱ舟のコースも広がり、期間も10月まで運行と延長された。船頭さんが竿一本で操るさっぱ舟の周遊は、水郷観光ならではの醍醐味として人気が高い。近隣で有名な「加藤洲十二橋巡り」も賑わいを見せている。

古くから水郷随一の名勝
加藤洲十二橋巡り

利根川と常陸利根川に挟まれた広大な水田地帯は、かつて家と家、あるいは田んぼの間を縦横に張り巡らされた水路をつたって舟で往来していたところ。そして加藤洲では隣家との往復のために架けられた一枚板の簡単な橋が12あったことから「十二橋」と名付けられた。加藤洲十二橋巡りは、現在も当時の面影を残す水路を回るもの。女船頭さんが竿一本で操るさっぱ舟に揺られながら、水郷の景観をのんびり味わうことができる観光スポットだ。

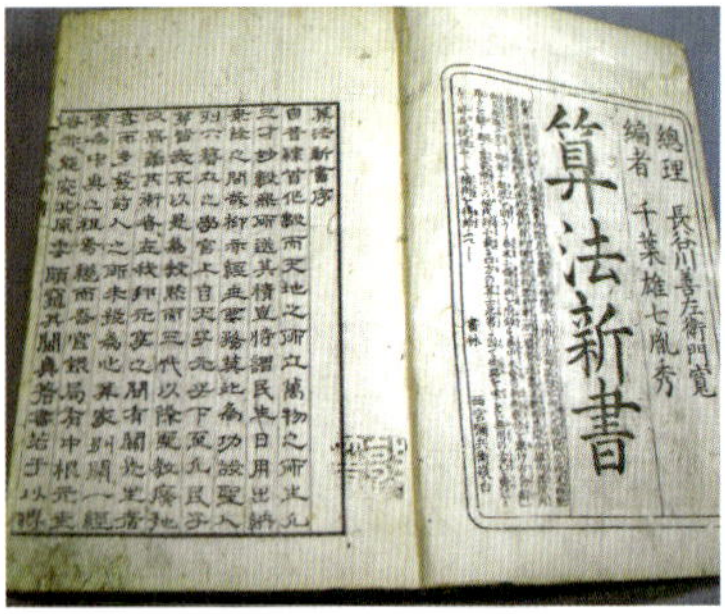

江戸時代に飛躍的に発展したという和算。和算の本も多く出回ったという。

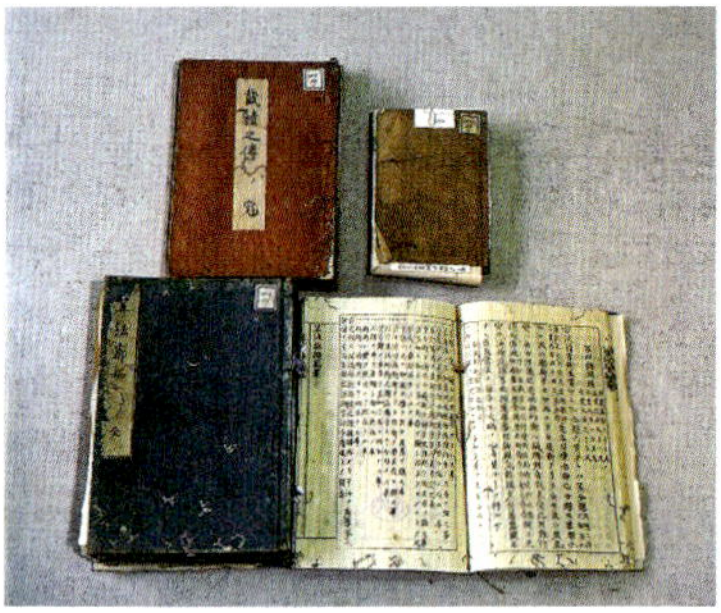

房総の東下総地方において花開いた和算文化。書籍なども数多く残されている。

55-6

測量家・伊能忠敬も排出した
豊かな和算文化を誇る房総

和算は、その字の通り、日本独自の数学で、江戸時代に飛躍的に発展し、数学者や一部の知識人階級だけではなく、武士から農民に至るまで多くの人々に広まっていた。それを象徴するのが「算額」と呼ばれる、数学の問題や解法が記された額や絵馬だ。当時の人たちは、数学の問題が解けたことを神仏に感謝して、それを神社に奉納していたのだ。こうして日本独自の和算文化は育まれていった。中でも、河川による水上交通の発達した房総の東下総地方において、和算は大きく花開いた学問だった。利根川流域河岸の経済力および船による交通の利便性を背景に、この地を遊歴した和算家も多くおり、地域に密着した実用の学問として「和算文化」の種がまかれた。

房総地方で和算が盛んになったのは、算学の中心だった江戸に近く、和算家の往来が多かったことの影響が大きい。しかしもっと切実だったのは、水利や河川の工事のため算学が実用的に求められていたことだ。利根川の治水工事や椿海・印旛沼の干拓工事などがたびたび行われ、測量が必要な工事の計算に熟達した人材が必要だった。そこでこの地に密

香取神宮の本殿は見事な権現造。黒漆を基調とした色合いも威厳を感じさせる。

表参道の正面にある香取神宮の鳥居。鮮やかな朱色が緑の中で際立つ。

着して教室を開いた和算家の存在があり、高名な遊歴算家も精力的に活躍した。また和算は、耕地の面積や年貢米の輸送運賃の算出など、江戸時代の村で必要な基本的な計算にも活用された。こうした房総の豊かな和算文化の土壌は、江戸後期の測量家・伊能忠敬を排出することになる。

香取

所 香取市津宮1428
開 昭和6（1931）年11月10日
乗 232人

56-1

東国鎮護の要だった 香取神宮

所在地 香取市香取1697
アクセス 香取駅から徒歩25分、土日・祝日のみシャトルバス運行

香取駅から西南に約1・8キロ、佐原駅から東へ3・5キロの亀甲山の森に鎮座する香取神宮は、下総国の一ノ宮で、明治以前に「神宮」の称号を与えられていたのは、伊勢、香取、鹿島のみという、わが国屈指の名社だ。

社伝では、創建は初代神武天皇18年と伝える。祭神は日本書記の国譲り神話に登場する経津主大神（ふつぬしのおおかみ）が主神。

参道を進み、総門を抜けると、元禄13年に建立された楼門が建っている。

鳥居をくぐり、石段を上がると、朱色が鮮やかな香取神宮の総門がある。

桜並木の参道から朱塗の楼門をくぐると、奥に拝殿、それに続く本殿の威容が目に入ってくる。現在の本殿は、元禄13（1700）年に徳川五代将軍綱吉が造営されたもの、と伝わる。正面柱間三間の流れ造りに後庇を加えた両流れ造りの形式。国の重要文化財となっている。

境内の宝仏殿には、国宝の海獣葡萄鏡（面径29・6センチ）や、重要文化財の古瀬戸黄釉狛犬、双竜鏡などがあり、国や県指定の文化財だけでも200点以上を所蔵している。また、社殿裏にはスギ林のほかスダジイの自然林も広がり、天然記念物に指定されている。ソメイヨシノ、オオシマザクラなどが数百本植えられ、桜の名所としても知られる。

主な行事としては、12年に一度、午年の春4月15～16日に行われる神幸祭がある。また、毎年4月の第1土曜・日曜日には、神前に早乙女が並んで稲の豊作を祈る「お田植え祭」も催される。

笹川

所 香取郡東庄町笹川い625
開 昭和6（1931）年11月10日
乗 347人

諏訪神社の参道沿いにある天保水滸伝遺品館。繁蔵の遺品が保存されている。

諏訪神社の神楽は800年以上続く源氏ゆかりのもので、県無形民俗文化財だ。

57-1

天保水滸伝遺品館

笹川繁蔵の遺品などを保存

所在地 香取郡東庄町笹川580-1

アクセス 笹川駅から徒歩で5分

笹川駅の北、利根川の堤に近い諏訪神社の境内に、天保水滸伝にちなんだ笹川繁蔵らの身の回り品を収める遺品館がある。館内には、繁蔵が愛用していたキセル、三度笠、平手造酒愛用の手鎗、徳利、勢力富五郎の短筒など当時の侠客の風俗を物語る遺品、古文書などが展示されている。

繁蔵は文化7（1810）年、地元須賀山村大木戸（現・香取郡東庄町）で醤油と酢の醸造を営む岩瀬家の三男に生まれた。少年時代から相撲に夢中になり、江戸に出て力士になったが、1年ほどで廃業。やがて博打を打つようになり、任侠の道に入る。そして天保の初めに笹川に帰郷し、博徒の親分から地盤を譲られ、一家をおこした。

その後、笹川河岸の花会を端緒に、銚子の陣屋から十手を預かる身であった博徒の親分飯岡助五郎と激しく対立。助五郎は繁蔵召し捕りのため、一家を引き連れ利根川を舟で遡ったが、逆に繁蔵方に追い払われ、子分3人を殺されてしまう。繁蔵方では浪人平田深木（平手造酒）が死んでいる。

印旛沼のそばには季節の花々を楽しむことができる“佐倉ふるさと広場”もある。

湖沼としては千葉県内最大の面積を誇っている「印旛沼」。

この事件でお尋ね者となる繁蔵は、追及を逃れて西国へ飛んだが、3年後の弘化4（1847）年、笹川に戻ったところを飯岡側の闇討ちに遭い、38歳で命を落とした。

近くの延命寺には、繁蔵の供養碑があり、岩瀬家の菩提寺西福院には、繁蔵を含めた岩瀬家代々の墓が残っている。

下総松崎《しもうさまんざき》

所 成田市大竹340
開 明治34（1901）年8月10日
乗 691人

58-1

現在は西部と北部の2つに分かれている

印旛沼

所在地 佐倉市・成田市・印西市・八千代市・印旛郡栄町
アクセス 下総松崎駅から徒歩20分

印旛沼は、千葉県北西部の佐倉市・成田市・印西市・八千代市・印旛郡栄町にまたがる利根川水系の湖沼だ。下総台地の浸食谷の出口が利根川の体積物によってせき止められてできた大きな沼だったが、戦後の干拓により現在は、西部（西印旛沼）と北部（北印旛沼）の2つの調整池に分かれている。

湖畔には、屋形船の周遊基地でもある佐倉ふるさと広場や県立印旛

参加体験型の博物館「房総のむら」。館内には様々な施設が整備されている。

サンセットヒルズなどがあり、素晴らしい景観に恵まれている印旛沼の夕景。

手賀自然公園、印旛沼公園などがあり、房総の自然が満喫できる。房総500選にも選ばれた。鹿島川の河口にかかる飯野竜神橋付近からの夕陽の眺めは定評がある。コイ、フナなどの川魚が豊富なので多くの釣り人が訪れる場所でもある。また湖畔には本格的なサイクリングロードがあり、印旛沼の風に吹かれながらサイクリングも楽しめる。佐倉ふるさと広場では自転車の貸し出しも行っている。

安食《あじき》

所 印旛郡栄町安食3461
開 明治34（1901）年2月2日
乗 2684人

59-1

千葉県の昔が分かる体験型博物館
千葉県立房総のむら

所在地 印旛郡栄町龍角寺1028
アクセス 安食駅からバスで「房総のむら」下車

緑豊かな北総台地に広がる「千葉県立房総のむら」は、房総の文化遺産と自然が満喫をできる体験型の博物館だ。もともとは昔の生活や建物を再現した参加型博物館として、昭和61（1986）年に開館したが、平成16（2004）年に隣接する、古墳群に囲まれた考古学専門の野外博物館

県内各地の遺跡から出土した考古資料を収蔵・展示している風土記の丘資料館。

遊歩道を歩きながら、間近に古墳を観察することができる「龍角寺古墳群」。

「千葉県立房総風土記の丘」と統合して、リニューアルオープンした。館内は、歴史と自然を学ぶ風土記エリアとふるさとの技体験エリア、と大きく2つのゾーンに分かれている。

風土記エリアには、県内各地の遺跡から出土した考古資料を収蔵・展示する「風土記の丘資料館」を中心に、文化財建造物として、旧学習院初等科正堂、旧御子神家住宅、旧平野家住宅が並ぶ。また、龍角寺古墳群第101号古墳、史跡岩屋古墳（国指定史跡）などの古墳群もある。

さらに、体験エリアには、江戸時代後期から明治初期における房総の商家・武家屋敷がある商家の町並みや、佐倉藩中級武士の武家屋敷、畑や水田・雑木林も含めた農家が再現されている。

いずれも房総の伝統的な生活様式や技術を直接体験でき、県内各地から出土した考古遺物も間近で見て学べるので、来館者に好評だ。外国からの観光客も多く、平成29（2017）年2月には入館者700万人を突破した。9時〜16時30分、月曜休（祝日の場合は翌日）。

東我孫子

所 我孫子市下ケ戸
開 昭和25（1950）年10月12日
乗 729人

手賀沼の畔にある、日本で唯一、鳥類について総合的に研究・展示する博物館。

自然の景観に恵まれた手賀沼の湖畔には、広場や公園が充実している。

60-1

手賀沼のほとりにある
国内で唯一の「鳥の博物館」

所在地 我孫子市高野山234-3
アクセス 東我孫子駅から徒歩20分

平成2（1990）年5月、手賀沼のほとりの親水広場に隣接して造られたのがこの「鳥の博物館」だ。「人と鳥の共存をめざして」をテーマに、国内で唯一、鳥だけを扱っている。鳥の起源から始まり、どのようにして飛べるのか、分類方法は?など鳥に関するさまざまなことが分かる展示内容で構成されている。

手賀沼の鳥を中心に、世界の鳥や、鳥の歴史と生活などの展示。また、野生では見ることのできなくなった日本のトキの剥製も展示されている。

圧巻は、3階の「世界の鳥コーナー」だ。世界中の鳥の実物剥製が展示されており、いわば「立体図鑑」だと言える。現在、鳥類は世界に約9000もの種類がいると言われており、このフロアでは、体の大きさや色、くちばしの長さやつばさの形、生息環境に適応した姿・形など、種類によってさまざま特徴を、見比べることができる。9時30分〜16時30分、月曜休館（祝日の場合は翌日）、大人300円

手入れの行き届いた庭園が眺められる、表座敷棟の客間と二の間。

近世の武家屋敷造りの建物と洋式庭園を取り入れた「戸定邸」。

常磐線

松戸

所 松戸市松戸1181
開 明治29（1896）年12月25日
乗 10万831人

61-1

見どころは国指定名勝に選ばれた庭園
慶喜の弟・徳川昭武の隠居所「戸定邸」

江戸時代、松戸は江戸と水戸を結ぶ水戸街道の宿場町として栄え、松戸神社にはあの水戸黄門（徳川光圀）ゆかりの銀杏の樹があるなど、水戸藩とは特別なつながりがあった。この松戸の地に、明治17（1884）年、水戸藩最後（11代）の藩主・徳川昭武が建てた隠居所が、今も明治の姿そのままに保存されている。地名にちなみ「戸定邸」と呼ばれている。

江戸川を望む小高い丘の上に建つ戸定邸は、近世の武家屋敷造りの建物に洋式庭園を取り入れたもので、意図的に装飾を廃して、質実剛健の水戸徳川家の遺風を残している。昭武の日記には、狩猟のために松戸を訪れ、この地が気に入ったことが残されているという。明治16年に隠居を決意し、自ら陣頭指揮を取り、翌年にこの別邸を完成させた。

二十世紀梨誕生の地・松戸の「二十世紀公園」には、記念碑が建てられている。

新緑の季節の戸定邸も美しいが、紅葉のモミジ見られる秋も風情がある。

戸定邸建設後も、昭武は明治天皇に仕える公職についていたため、都内の水戸徳川家本邸として使い、アウトドアライフを楽しむときには戸定邸、と使い分けていた。パリ留学の経験も持つ昭武は、狩猟、写真撮影、自転車、製陶など多彩な趣味の持ち主で、戸定邸での生活を存分に楽しんでいる。また戸定邸は徳川慶喜など徳川一門の人々、東宮時代の大正天皇が訪れ、華族の交流の場としても使われた。昭武の子息・武定（松戸徳川家初代）もこの戸定邸に永らく居住したが、昭和26（1951）年に松戸市に文化施設として寄贈。現在松戸市は「戸定歴史館」として一般公開し、平成27（2015）年には、戸定邸庭園が国指定名勝に選ばれている。

61-2

千葉県は日本ナシの生産高第1位！
松戸市は二十世紀梨の発祥地

千葉県は日本梨の生産量では全国第一位を誇っている。また二十世紀梨と言えば鳥取が特産地として有名だが、そのルーツは松戸市にある。明治21（1888）年、千葉県松戸市の旧大橋地区の松戸覚之助氏が、親類の家で若い梨の木を発見。10年がかりで苦心して育てたところ見事に結実した。その後、東京の農学者がこの梨を「二十世紀」と命名。その

二十世紀公園の一角には、「天然記念物二十世紀梨原樹」碑も建っている。

二十世紀梨は青梨の品種で甘みの中にやや酸味があり、果汁が多いのが特徴。

栽培は各地に普及していった。鳥取県にも明治37（1904）年にこの二十世紀梨の原木が松戸市から渡り、これを丘陵地で栽培したところ気候が適していたためか、たちまち鳥取県での生産が盛んになった。そして「二十世紀梨は鳥取産」という評判が広がっていった。

しかし千葉県側にしてみれば、気候の違いだけが理由ではない。皮が赤褐色でいわゆる赤梨と言われる幸水や豊水などを梨農家が好んで生産するようになったからだ。繊細な青梨の二十世紀梨は農薬の散布方法にも手間がかかり、黒斑病にかかりやすいのでその対策が大変だった。そこで農家はコストパフォーマンスが高く、ジューシーで独特の歯触りのある赤梨の生産を優先するようになったのだ。

消費者にもどちらかというと、果肉に食物繊維が多い赤梨の味のほうが好まれているようだ。とはいえ、二十世紀梨を再評価する声も高く、松戸市内の農園は鳥取からの里帰り苗木を移植。今後への期待を高めている。二十世紀梨誕生の地である市内の「二十世紀公園」には、記念碑や鳥取県から贈られた感謝の碑が建っている。

親芋から切り離した根芋は洗浄されて、高級食材として料亭に出荷される。

昔ながらの発酵熱の利用で栽培される根芋。もみ殻を掘ると真っ白な姿を現す。

柏

所 柏市柏1-1-1
開 明治29（1896）年12月25日
乗 12万5354人

62-1

50年ほど前から栽培されている高級食材
日本で唯一、柏市だけで栽培されている「根芋」

「根芋」という野菜はあまり知られていない。というのも、根芋は料亭で扱う高級食材として生産されてきたので、庶民の目に触れる機会がほとんどないからだ。根芋とは、秋に収穫する里芋の親芋から出る新芽の部分。つまり、親芋の周りについている子芋の部分は里芋として出荷されるが、親芋自体は商品として流通させていない。この親芋から発芽させた部分が根芋になる。

里芋や八つ頭などの葉柄の部分は「ズイキ」と呼ばれて市場に出ているが、根芋はズイキの若いものを指す。日本では柏市でしか生産されていない品種で、出荷期間は、10月から翌年の6月まで。柏の農家では古くから栽培され、冬の間の貴重な食料として食べられてきた。

根芋は日に当たらないように、もみ殻などの中に深く埋めて軟白栽培するので色が白いのが特長。40～50センチの長さで収穫するので、ウド

自然環境に富んだ手賀沼のほとりに整備されている「手賀沼公園」。

手賀沼公園には、週末に家族連れで楽しめる施設も充実している。

に似たような形状だ。育て方も独特で、昔ながらの発酵熱を利用している。畑に穴を掘り、米ぬかをベースにした堆肥を敷き込み、そこに親芋を並べて、もみ柄で保温して育てるのだ。堆肥の発酵熱を利用して親芋を発芽させるため、温度管理が大切になる。手間がかかるので、高級食材として限定されてきたが、最近では産地直売も行われ、根芋を目にする機会も増えてきた。アクを取って酢味噌和えや酢の物にしたり、みそ汁やきんぴら風の炒め物で食べるのが美味しい料理法だという。

我孫子

所 我孫子市本町2-1-1
開 明治29(1896)年12月25日
乗 3万1172人

63-1

四季折々の景観が満喫できる
手賀沼公園

所在地 我孫子市新田
アクセス 我孫子駅から徒歩10分

手賀沼は、柏・我孫子・印西・白井市にもまたがる、面積650ヘクタールの大きな湖沼だ。この手賀沼と利根川に挟まれた台地地帯に細長く延びる我孫子市は、自然環境に富み、大正時代に白樺派などの作家や芸術

我孫子市の「白樺文化館」は、かつてこの地にあった“文士村”の集大成!

手賀沼と利根川に挟まれた台地に細長く延びる我孫子市は、風光明媚な場所として、大正時代には白樺派の志賀直哉や武者小路実篤、中勘助、柳宗悦などの文人が多く住みついた。

大正３（1914）年、最初に移住したのは、白樺派の中心人物の一人であった柳宗悦で、翌年の大正４年には、柳の強い誘いで志賀直哉が移住。続いて大正５年には志賀の生涯の友である武者小路実篤が移り住んだ。その後も、白樺派の仲間たちが相次いだという。

白樺派文人たちは、手賀沼の美しい自然を愛し、我孫子での創作活動を大きく発展させた。そしてこの足跡を次世代に伝えるために我孫子市は、手賀沼のほとり（我孫子市緑）に「白樺文学館」を建設した。館内には同人誌「白樺」を中心に交流した作家たちの作品や資料が多数展示されている。

家が多く住みついた。手賀沼公園は、手賀沼のほとりに整備された公園で、市民のよき憩いの場になっている。

公園の突端には、周囲を一望できる公園岬があり、手賀沼の風景が望めるよう、あずまやとベンチが設置されている。岸辺の一部分が親水護岸となっているので、沼の水に直接触れたり、水鳥や魚の観察も楽しめる。また、桜並木の遊歩道が整備されているので、手賀沼を眺めながら散策もできる。公園内には子どもたちに人気のミニＳＬが走っており、週末は家族連れを中心に賑わっている。沼の周りをサイクリングできるよう、３００円で利用できるレンタル自転車も用意されている。周辺には、手賀沼親水広場、水の館、鳥の博物館などがある。

手賀沼の水質環境保全を目的に建てられ施設、「手賀沼親水広場の水の館」

中山競馬場のゴール前には急坂があり、数々の名勝負が生まれてきた。

「電車でいこう中山へ」と、建物にスローガンを掲げている中山競馬場。

武蔵野線

船橋法典

所 船橋市藤原1-27-1
開 昭和53（1978）年10月2日
乗 1万9012人

64-1

中山競馬場

家族連れで楽しめる配慮も

所在地 船橋市古作1-1-1
アクセス 船橋法典駅から徒歩10分

船橋には、同じ市内に2つの競馬場があるが、その一つが中山競馬場だ。JRA（日本中央競馬会）を代表する競馬場で、日本一の売り上げを誇る〝有馬記念〟をはじめ、〝皐月賞〟や〝スプリンターズステークス〟など、大規模なレースが多く行われている。ゴール前で馬たちを待ち構える急坂が、数々の名勝負を生んできた。

その起源は、明治40（1907）年、現在の松戸市大字岩瀬につくられた松戸競馬場であった。その後、大正8（1919）年に市川市若宮へ移転。昭和2（1927）年に今の船橋市古作に馬場が移される。そして昭

空から見た中山競馬場。JRA（日本中央競馬会）を代表する馬場だけに大きい。

家族連れで楽しめるよう、アスレチック遊具など、様々な配慮が施されている。

市川大野

所 市川市大野町3-1423
開 昭和53（1978）年10月2日
乗 1万1917人

和12（1937）年に日本競馬会（現・日本中央競馬会）へ統合、中山競馬場として発足し、現在に至っている。早くから千葉県における観光事業の1つになっていたようで、昭和5（1930）年発行の観光案内図の中に「中山競馬」が載っている。

周辺の地形が起伏に富んでおり、これを生かした障害コースが設けられ、中山大障害を開催。さらに第2代理事長有馬頼寧によって中山グランプリ（現・有馬記念）を創設。現在も年末の風物詩となっている。また、クリスマスにはイルミネーションが施されるが、高さ20メートルのヒマラヤスギを使ったクリスマスツリーは圧巻で国内最大級と言われる。パドック近くにハイセイコーの像があり、馬場内の緑の広場には、馬たちと触れ合えるポニーリンクや、子ども向けの遊具なども用意され、家族連れで楽しめる配慮もしている。

園内にはせせらぎ・池・東屋・藤棚・石灯篭・つくばいなども配置されている。

万葉集に詠まれた草木約155種が集められている「市川市万葉植物園」。

65-1

万葉集ゆかりの草木約155種

市川市万葉植物園

所在地 市川市大野町2-1857
アクセス 市川大野駅から徒歩5分

平成元（1989）年6月に開園した市川万葉植物園は、敷地面積約3300平方メートル。大野緑地内の平坦部に設けられた純和風庭園で、万葉の歌人山部赤人，柿本人麻呂などに詠まれた万葉集ゆかりの草木約155種が植えられている。また、植物の名前や、その植物が万葉集に詠まれた当時の万葉名、詠まれた歌、詠み人などが植物の脇の説明板に解説されている。

園内には循環水による小川のせせらぎ、池、あづまや・藤棚・石灯篭・つくばいなどが配されている。また万葉集で最もよく詠まれる花とされるハギのトンネルなどもある。時間があるときに訪れたい落ち着いた雰囲気の植物園だ。

開園時間は、4～10月（9時30分～16時30分）、11～3月（9時30分～16時）、月曜休（祝日の場合は翌日）

21世紀の森と広場では、山や池など様々な自然に触れ合うことができる。

自然尊重型の“都市公園”を理念としてつくられた「21世紀の森と広場」。

新八柱

所 松戸市日暮1-1-3
開 昭和53（1978）年10月2日
乗 2万4825人

66-1

21世紀の森と広場

自然尊重の都市型公園

所在地 松戸市千駄堀269
アクセス 新八柱駅から徒歩で15分

平成5（1993）年、旧みどりの日の4月29日にオープンしたこの公園は、東京ドーム11個分（50・5ヘクタール）という広さを誇り、緑豊かな園内は山・林・池・田園などがある自然尊重型の都市公園だ。

見どころも多く、まず、3つの谷津が集まって出来ている人工の池「千駄堀池」は、東京ドーム約1個分（5ヘクタール）の広さがあり、湧水量は1日で約1000トン。池の中央には水鳥の営巣のための島がある。噴水も設けられ、水面を霧が覆う幻想的な風景が楽しめる。

また、山・草原・湿地・水辺などの変化に富んだ「野草園」では、様々な植物のほか、トンボや野鳥などの観察もできる。野草や樹木の名前を書いた植物の名板が立ち、ガイドなしでも自然観察できるよう配慮されている。大きな芝生広場は、東京ドーム約1・3個分（6・3ヘクタール）。

浦和の埋め立て地に建設中の「東京ディズニーランド」。

縄文の森では、市立博物館の野外展示物である竪穴式住居を見ることができる。

湧き水が小川となって広場のまん中を流れている。このほか、うっそうと木が生い茂る「縄文の森」には、休憩所としても使える森の工芸館や、市立博物館の野外展示物〝竪穴式住居〟3棟が建つ。

既存の樹木をそのまま生かした森の中に散策路があるので、森林浴にももってこいの場所で、オープン以来、大勢の人々に利用されている。

開園時間9時～17時（7／21～8／20は～18時30分、11／1～2／28は～16時30分）年末年始休園

＊南流山は、つくばエクスプレス（284ページ）に掲載

京葉線

舞浜

所 浦安市舞浜26-5
開 昭和63（1988）年12月1日
乗 7万9063人

67-1

のどかな漁村から新都市に大変身！
埋め立て地に「東京ディズニーリゾート」が誕生

所在地 浦安市舞浜1-1
アクセス 舞浜駅からすぐ

干潟に生息する生きものたちを間近で見られる谷津干潟自然観察センター。

夢のパークのオープン時式典には、ミッキーたちも勢ぞろい。

浦安市にパーク単体の「東京ディズニーランド」がオープンしたのは、昭和58（1983）年4月。埋立地に登場した夢のパークは、子どもたちだけでなく、大人たちも「一度は行ってみたい！」とワクワクした。

実際、冒険や童話、未来などをテーマに、7つのテーマランドから構成された園内では、まさにディズニー映画の世界が体験できる。華やかなアトラクションやエンターテインメントのイベントも毎回斬新なアイデアが盛り込まれてリピーターを増やし続けている。

また、東京湾に面した位置にもう一つのディズニーパーク「東京ディズニーシー」も完成。海にまつわる物語、伝説からインスピレーションを得た冒険とロマンスなど、ディズニーランドとはまた趣の違う楽しさの発見は、人々を魅了し、こちらもリピーターを増やした。その後、これら2つのテーマパークを核にし、周辺のホテルやショッピング施設も含め、〝東京ディズニーリゾート〟という名称で呼ばれるようになった。そして浦安市は、世界的に有名な大アミューズメントパークを抱える都市として脚光を浴びる。

南船橋

所 船橋市若松2-1-1
開 昭和61（1986）年3月3日
乗 2万2528人

センターでは、渡り鳥などの生態についてもスタッフが詳しく説明してくれる。

館内にあるフロアからも広々と広がる谷津干潟が一望できる。

68-1

干潟に生息する生きものを間近で観察

谷津干潟自然観察センター

所在地▶千葉県習志野市秋津5-1-1
アクセス▶南船橋駅から徒歩20分

谷津干潟は、東京湾の最奥部に残された約40ヘクタールの干潟だ。平成5（1993）年にラムサール条約登録の湿地に認定された。干潟には、貝やカニ、魚などが生息しており、また、シベリア、東南アジア、オーストラリアなど、国境を越えて行き来する渡り鳥にとっては大切な中継地となっている。

観察センターは、これらの生き物や渡り鳥を間近で観察できる施設。館内には干潟や野鳥に詳しいスタッフが常駐し、観察の案内をしている。また、無料で使える望遠鏡や双眼鏡の貸出サービスも受けられる。館内フロアからは谷津干潟が一望でき、観察センター前の谷津干潟公園には広い芝生広場もある。

開館時間は9時～17時（入館は16時30分まで）、月曜休館（祝日の場合は翌日）、大人370円

ガイド付きで工場見学ができるサッポロビール千葉工場。レストランもある。

サッポロビール千葉工場は、県内では唯一の大手ビールメーカーだ。

新習志野

所 習志野市茜浜2-1-1
開 昭和61（1986）年3月3日
乗 1万3658人

69-1

サッポロビール千葉工場

ガイド付きの工場見学、ビアレストランも好評

所在地 船橋市高瀬2番
アクセス アクセス：新習志野駅から直行シャトルバス（津田沼駅・南船橋駅・京成船橋競馬場駅からも運行）

千葉県内では唯一の大手ビールメーカー、サッポロビール千葉工場は、船橋市高瀬町にある京葉食品コンビナート内で醸造している。敷地内にはビアレストランの千葉ビール園も併設されている。

昭和63（1988）年6月に、首都圏の食卓を支える京葉食品コンビナート内で竣工した千葉工場は、同社の中でも最大の規模で、18万平方メートル以上の広大な敷地を誇り、全国のサッポロビール製品の4割以上を生産している。また、基幹ブランド「サッポロ生ビール黒ラベル」の情報発信基地でもある。

平成30（2018）年は竣工30周年にあたり、その一環として、見学施設の全面リニューアルを行い「新・黒ラベルツアー」として再開。また、

千葉ロッテマリーンズのフランチャイズ球場・ZOZOマリーンスタジアム。

広い敷地を有する工場は、京葉食品コンビナート内でひときわ目を引く。

6月には、千葉県産品の魅力を県内外にPRするため、サッポロ生ビール黒ラベル「千葉工場30周年記念缶」を限定発売した。

ガイド付きの工場見学「黒ラベルツアー」では、ビールの歴史やその原料、製造方法などについて学べるほか、出来たてビールの試飲もお楽しみの一つ。併設の千葉ビール園は全面ガラス張りで、東京湾が一望できる。オーシャンビューを楽しみながら、ビールとジンギスカンが味わえるのが人気だ。開館時間は10時～17時（ツアー最終時間15時30分）、月曜日休館（祝日の場合は翌日）、問い合わせは☎０４７‐４３７‐３５９１

海浜幕張

所 千葉市美浜区ひび野2‐110
開 昭和61（1986）年3月3日
乗 6万7572人

70-1

名称変更し、設備もグレードアップした「ZOZOマリーンスタジアム」

所在地 千葉市美浜区美浜1番地
アクセス 海浜幕張駅から徒歩15分

千葉ロッテマリーンズが平成4（1992）年より本拠地としていた千葉マリンスタジアムは、平成28（2016）年12月1日より「ZOZO

幕張新都心には珍しい“連節バス”(車体が2連つながっている)が走っている。

「ZOZOマリーンスタジアム」と改称され、球場内設備などもグレードアップ。

TOWN」のスタートトゥディが施設命名権を取得し、名称が「ZOZOマリンスタジアム」に変わった。もともとこのスタジアムは、公認野球規則の条件を満たす大リーグ級のスタジアムだが、設備がさらにグレードアップしている。

従来野球場にあった照明塔にかわり、観客席上部の庇にサークラインを使用。平成30（2018）年からは、グラウンド照明を全面的に高演色のLED化に。これにより照度（グラウンドの明るさ）を維持したまま、総消費電力を約50パーセントに削減できた。また、統合制御システムとの連携で、ビジョンや音響と連動した躍動感あふれる演出も実現。球場の外壁もフルカラーのLED照明でライトアップしている。人工芝も、より天然芝に近い感覚でプレーできるよう、特殊加工した芝葉を捲縮（けんしゅく）させた野球専用人工芝を採用した。これによりプレーの安定性が高まるなど、多くのメリットを生み出している。さらに観客席のシートは、ゆとりあるサイズで前後の座席間隔も広い。ゆったりと観戦でき、どの位置からもグランドの全景が見渡せるようになっている。

幕張メッセの景観を一段と高めている、高層ビルが並ぶ一大ホテルゾーン。

様々なイベントが行われている幕張メッセの「国際展示場ホール 9-11」。

70年代後半の東京湾埋め立てにより開発された幕張副都心は、「職・住・学・遊」が融合した未来型の国際都市を目指して計画された。現在、海浜幕張駅を中心にしたタウンセンター地区、企業が集まる地区、学校が立地する文教地区、集合住宅の住宅地区、東京湾沿岸に広がる公園・緑地地区、平成元（１９８９）年に編入された拡大地区の６地区で構成されている。特に注目されているのが、アジア地域有数の規模を持つ大型コンベンション施設「幕張メッセ」、６社が開業しているホテルゾーン、幕張海浜公園のある人工海浜・幕張の浜などだ。

●幕張メッセ

平成元年10月にオープンした幕張メッセは、21万平方メートルの敷地に、国際展示場、国際会議場、幕張イベントホールと、主要な3施設がメインで、あらゆるコンベンションニーズに対応している。これまで各種の国際見本市や国際会議、世界的なスポーツイベントなどが数多く開催され、２０１７年12月までに約1億６６２２万人が来場した。

●ホテル群

現在、ホテルスプリングス幕張、ホテルグリーンタワー幕張、ホテルフランクス、ホテルザ・マンハッタン、ホテルニューオータニ、アパホテル＆リゾート〈東京ベイ幕張〉の６社が開業しており、ホテル群全体で対応できる客数は合計３２００室を超え、一大ホテルゾーンを形成して

昭和51(1976)年に完成した、日本初の人工海浜「いなげの浜」。

幕張海浜公園の芝生広場にある大きな花時計は、公園のシンボルになっている。

いる。

●幕張海浜公園

緑と海と街が一体化したシティパーク「幕張海浜公園」では、日本庭園「見浜園」や「ZOZOマリンスタジアム」が整備されている。また、人工海浜「幕張の浜」では、ウォーターフロントを利用したさまざまなイベントが開催される。

稲毛海岸

所 千葉市美浜区高洲3-24-1
開 昭和61(1986)年3月3日
乗 2万1689人

71-1

いなげの浜は、日本初の人工海浜

検見川・幕張の浜との合計で長さ日本一!

所在地 千葉市美浜区高浜7-2
アクセス 稲毛海岸駅南口からバスで「海浜公園入口」下車

昭和40年代の初期、習志野市の津田沼から千葉市の中心部までの沿岸部は「白砂青松の地」と呼ばれ、美しい干潟と19キロメートルもの海岸線が続いていた。また、稲毛海岸は景観がいいだけでなく、潮干狩りでも人気の場所だった。しかし、「千葉海浜ニュータウン構想」計画で、昭和

海水浴ができる「いなげ浜」、マリンスポーツが楽しめる「検見川の浜」、新都心をバックにした「幕張の浜」を合わせると、人口海浜としては日本一の長さ。

44(1969)年から宅地造成が本格的にスタート。沿岸部は埋め立てられ、新しい住宅都市へと変身していくことになる。工事は、まず防波護岸の外側を埋め立て、土を堆積して干潟をつくった後、さらに良質の砂を盛って人工海浜を造成。従来の海岸線に沿って全長1200メートル、幅200メートルの人工海浜を成功させた。そして昭和51(1976)年4月、日本初の人工海浜「いなげの浜」が完成した。

昭和54年3月には幕張の浜、昭和63(1988)年7月に検見川の浜がオープン。海浜の長さは、いなげの浜が1200メートル、検見川の浜が1300メートル、幕張の浜が1820メートルで、3つの浜をトータルすると4320メートルで、人工海浜としては日本一の長さを誇る。隣接する浜は、唯一海水浴ができるいなげ浜、マリンスポーツが楽しめる検見川の浜、新都心をバックにイベントが多い幕張の浜と、特徴を持たせて整備が進められてきた。

それぞれの浜は、総延長約6キロメートルの散歩コースでつながり、長い海辺の散策が楽しめる。かつての白砂青松の景観を再現しようと、人工海浜にはクロマツの苗6万本が市民参加で植えられている。

稲岸公園には川崎製鉄が資材運搬に使っていた蒸気機関車が保存されている。

稲岸公園内に建つ、飛行機の翼をイメージした「民間航空発祥の地記念碑」。

71-2

「民間航空発祥の地記念碑」が建つ

稲岸公園

所在地 千葉市美浜区稲毛海岸4-15
アクセス 稲毛海岸駅から徒歩12分

東京湾に面した稲毛海岸一帯は、古くから遠浅の海の風光明媚な場所で避暑地でもあった。島崎藤村、林芙美子ら文人たちにも愛され、文学作品にもたびたび登場している。また、遠浅の海は美しいだけではなかった。海岸の引き潮時には沖合まで干潟となり、砂も堅かったことから、明治末年には、民間飛行の練習所が置かれ、大正6（1917）年まで離着陸の訓練が行なわれていたのだ。

この地を訓練所に選んだのは、日本における民間航空の先駆者・奈良原三次だ。奈良原は海軍に入り飛行機の研究・設計に従事、退官後、自作の飛行機で初飛行を成功させている。そして後進の育成のために活動拠点を探していたが、天然の飛行場とも言える稲毛海岸に着目した。奈良原に協力したのが、稲毛で常宿していた旅館・海気館の主人で、敷地だけでなく丸太小屋の格納庫も建ててくれたという。この旅館は文人たちも滞在する名物旅館だった。

こうして明治45（1912）年、今までは軍専用の飛行場しかなかっ

サツマイモを原料とした「甘藷でんぷん発祥碑」がある蘇我稲荷神社の本堂。

桜が満開の稲岸公園の園内には広々とした芝生広場があり、春は桜の名所にもなっている。

た日本に民間初の専用飛行場が開設された。奈良原はここを本拠地に定め、弟子たちと全国各地で巡回飛行を行い飛行機の普及に努める。稲毛海岸は、日本初の民間飛行場発祥の地だけでなく、民間航空発展の基地でもあった。奈良原は多くの飛行機を創出、操縦先駆者たちを世に送りながら飛行機全盛時代の基礎を築く。現在、国道14号沿いの稲岸公園には、飛行機の翼を形どったモニュメントが「民間航空発祥の地記念碑」として建てられている。近くの海浜公園内には稲毛民間航空記念館もあったが、稲毛海岸の全面リニューアルに伴い、平成30(2018)年3月に閉館した。

*千葉みなとは、千葉都市モノレール(277ページ)に掲載

蘇我

所 千葉市中央区今井2-50-2
開 明治29(1896)年1月20日
乗 3万3831人

72-1

稲荷神社内に建つ、先人の功績

甘藷澱粉製造発祥之地記念碑

所在地 千葉市中央区稲荷町2-8-13
アクセス 蘇我駅より徒歩13分

静かな住宅街の中に、鎮守の森に囲まれて佇んでいる「蘇我稲荷神社」。

サツマイモが試作されて約100年後の天保7（1837）年、下総五田保（現・千葉市稲荷町）で、サツマイモでん粉製造が始まり、この地を中心に全国に広まって行った。食料以外にでん粉は、和菓子の材料のほか、接着剤や医薬品など多岐に渡り使われた。しかし食糧事情の好転により、昭和40年代には原料のサツマイモの作付も全国的に激減し、でん粉製造も減少。明治時代に創設され、その後の食料難時代にも尽力してきた千葉澱粉工業協同組合も昭和46（1971）年には解散する。その先人たちの遺業を讃え、京葉線蘇我駅の近くの稲荷神社内には「甘藷澱粉製造発祥之地記念碑」と刻まれた石碑が建てられている。

稲荷神社の境内にある「甘藷澱粉製造発祥之地」の記念碑。

昭和初期の鉄道路線案内

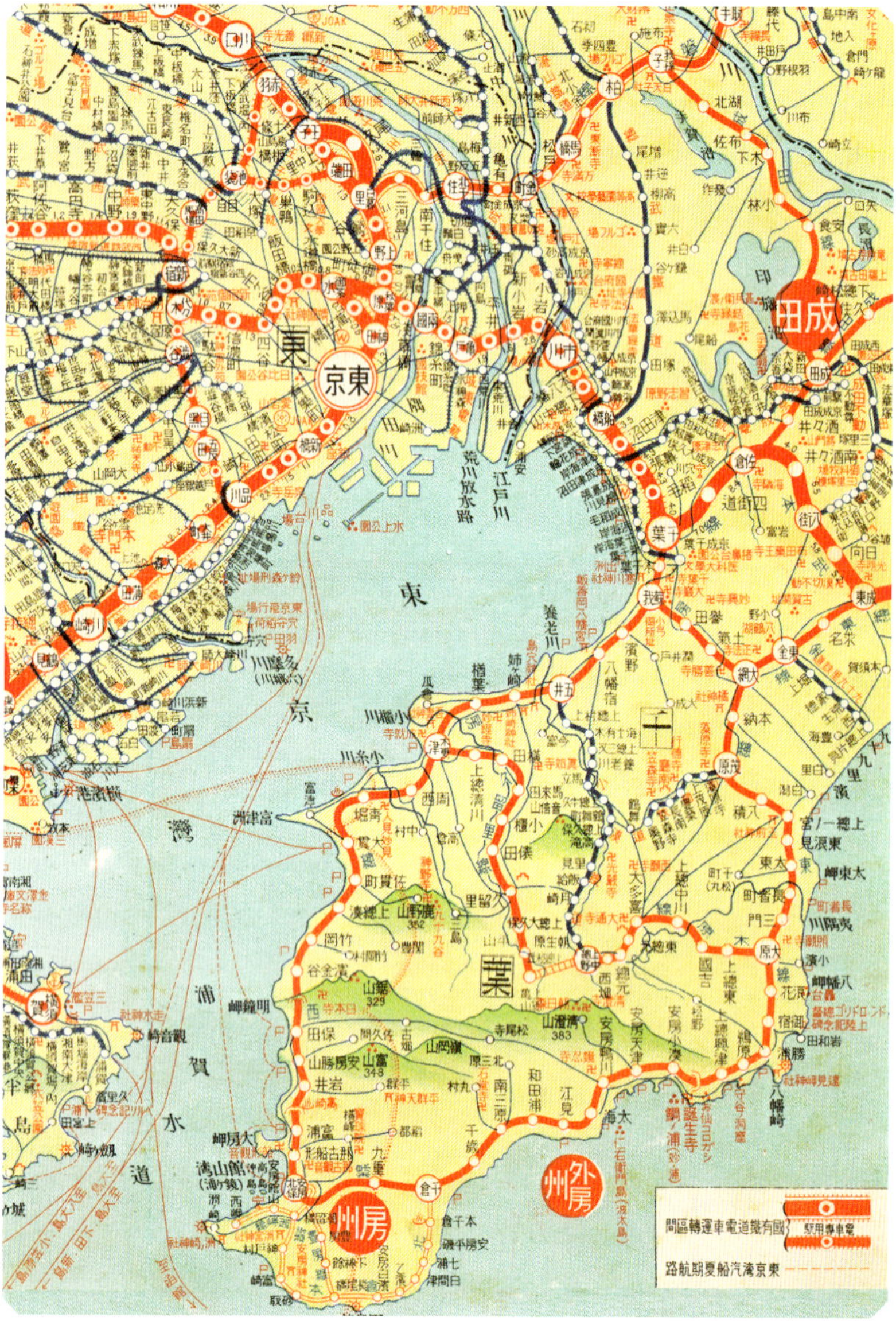

「最新鉄道旅行図」（三省堂発行）

2章 私鉄

・京成電鉄
・新京成電鉄
・東武野田線
・流鉄流山線
・銚子電鉄
・小湊鐵道
・いすみ鉄道
・東京メトロ東西線
・北総鉄道
・東葉高速鉄道
・芝山鉄道
・千葉都市モノレール
・成田スカイアクセス線
・つくばエクスプレス

©銚子電鉄

京成電鉄

通勤輸送と成田への参拝客輸送。
２つの目的を持つ「京成電鉄」

起点である東京の「京」と、終点である成田の「成」を冠にした京成電鉄は、文字通り都心と千葉県をつなぐ関東の大手私鉄の１つである。

大正元(1912)年の開業以来、進化を続け、現在台東区の京成上野駅と成田市の成田空港間を京成船橋経由でつなぐ主要鉄道路線となった。 都内への通勤輸送を担う一方で、毎年300万人もの初詣客を誇る成田山新勝寺への参拝客輸送もこの路線の大きな特徴だ。

千葉県内の駅は、江戸川を渡って最初の駅・国府台であり、市川市から佐倉市の住宅地を走り、京成成田駅に至る。途中の京成中山駅は、中山法華経寺の最寄り駅だ。沿線での寄り道スポットとしては、船橋市中央卸売市場、谷津干潟自然観察センター、国立歴史民俗博物館などがある。

京成本線

国府台 — 市川真間 — 菅野 — 京成八幡 — 鬼越 — 京成中山 — 東中山 — 京成西船 — 海神 — 京成船橋 — 大神宮下 — 船橋競馬場 — 谷津 — 京成津田沼 — 京成大久保 — 実籾 — 八千代台 — 京成大和田 — 勝田台 — 志津 — ユーカリが丘 — 京成臼井 — 京成佐倉 — 大佐倉 — 京成酒々井 — 宗吾参道 — 公津の杜 — 京成成田 — 空港第2ビル — 成田空港

千葉線

京成津田沼 — 京成幕張本郷 — 京成幕張 — 検見川 — 京成稲毛 — みどり台 — 西登戸 — 新千葉 — 京成千葉 — 千葉中央

千原線

千葉中央 — 千葉寺 — 大森台 — 学園前 — おゆみ野 — ちはら台

東成田線

京成成田 — 東成田

新京成電鉄

旧陸軍の演習用路線を受け継ぎ、カーブが多い「新京成電鉄」

新京成線は、習志野市にある京成津田沼駅と松戸市にある松戸駅間の26.5キロメートルを24駅でつなぐ千葉県内の便利なアクセス路線だ。

この路線の大きな特徴はカーブが多い線形であること。その理由は、旧日本陸軍の鉄道連隊演習用の路線を再利用しているからだ。演習線としては、急曲線などさまざまな形の路線を敷く必要があったため、その名残がそのまま現在の新京成路線に受け継がれている。何しろ全路線で直線は16キロしかない。

沿線は、急速な宅地化で、朝夕は都内に通う通勤通学客で混雑する。このため新京成電鉄は、総武線・常磐線・武蔵野線・東武鉄道・北総鉄道・成田スカイアクセス線・東葉高速鉄道など各線との乗り換えを配慮。利用客の利便性を高めている。

京成津田沼 ― 新津田沼 ― 前原 ― 薬園台 ― 習志野 ― 北習志野 ― 高根木戸 ― 高根公団 ― 滝不動 ― 三咲 ― 二和向台 ― 鎌ヶ谷大仏 ― 初富 ― 新鎌ヶ谷 ― 北初富 ― くぬぎ山 ― 元山 ― 五香 ― 常盤平 ― 八柱 ― みのり台 ― 松戸新田 ― 上本郷 ― 松戸

東武野田線

2014年から路線愛称名「東武アーバンパークライン」導入

東武野田線は、船橋駅（船橋市）～柏駅（柏市）を経て、埼玉県さいたま市の大宮駅に至る路線。もともとは野田町駅～柏駅まで醤油を運ぶ貨物輸送のために建設された。そして昭和４（1929）年に野田町駅～清水公園駅間が開業。同年に粕壁駅（現・春日部駅）～大宮駅（仮駅）間が開通、同時に社名を総武鉄道（総武本線を開業させた総武鉄道とは無関係）に改称した。その後、昭和５（1930）年には清水公園駅～粕壁駅間が全線開通。昭和19(1944)年に東武鉄道に合併され、現在の形となっている。

沿線は、東京のベッドタウンとして発展しており、今も朝夕はつくばエクスプレスや常磐線・新京成線・北総線・成田スカイアクセス線・総武線・京成線への乗換客、通勤通学の乗降客で混雑する。平成26（2014）４月から「東武アーバンパークライン」の路線愛称名が付けられ、駅などの案内表示はこの愛称名で統一されている。

船橋 ― 新船橋 ― 塚田 ― 馬込沢 ― 鎌ヶ谷 ― 新鎌ヶ谷 ― 六実 ― 高柳 ― 逆井 ― 増尾 ― 新柏 ― 柏 ― 豊四季 ― 流山おおたかの森 ― 初石 ― 江戸川台 ― 運河 ― 梅郷 ― 野田市 ― 愛宕 ― 清水公園 ― 七光台 ― 川間

流鉄流山線

鉄道ファンには「流鉄」「流電」の愛称で知られる。

流鉄流山線は、馬橋駅（松戸市）と流山駅（流山市）を約11分で結ぶ、単線5.7キロの路線。かつては「総武流山線」と呼ばれたが、平成20（2008）年からは「流山線」が路線名となる。鉄道ファンには「流鉄」「流電」という愛称で親しまれている。流鉄流山線が開通したのは、大正5（1916）年。流山軽便鉄道として開業された。当初は、みりん産業（万上みりん）で活気づく流山市中心部と常磐線各駅停車が停車する馬橋駅を結ぶ役割を担っていたが、その後に沿線の宅地化が進み、通勤路線に様変わりした。これに伴い、沿線風景も変化して来たが、民家の近くや森の横をすり抜けるように走る単線ならではののどかさは現在も健在だ。各駅の駅舎も懐かしさを残し、ノスタルジックな雰囲気が漂う。

馬橋 — 幸谷 — 小金城趾 — 鰭ヶ崎 — 平和台 — 流山

銚子電鉄

いろいろな鉄道会社から譲られた、レトロなデザインの車両が人気

銚子電道は海の街・銚子市内だけを走る、6.4キロメートルの単線路線だ。駅の数は、JRの駅を使用する銚子駅を除き9駅。この全線を20分ほどで走り抜く。もともとは犬吠埼への観光輸送と、外川漁港からの鮮魚の輸送、さらに仲ノ町駅に隣接する醤油会社「ヤマサ醤油」の荷物を運ぶのを目的に建設された路線だったが、現在は旅客輸送の専門になっている。面白いのは、いろいろな鉄道会社から購入したり、譲り受けた車両だ。昭和の面影を残したレトロな色使いやデザインも多く、全国各地から車両を見学に来る人もいる。

終着・外川駅の駅舎は路線開通時の雰囲気を残す建物で、昭和60（1985）年のNHKの朝のドラマ「澪つくし」でロケ地になった。駅前にはこれを伝える看板も建つ。銚子電鉄の各駅では、慢性的な赤字で悩んだ同電鉄の増収策となった、名物「ぬれ煎餅」が売られている。ネットでも購入できるためファンも多い。

銚子 — 仲ノ町 — 観音 — 本銚子 — 笠上黒生 — 西海鹿島 — 海鹿島 — 君ヶ浜 — 犬吠 — 外川

小湊鐵道

ディーゼルカー、大正時代の駅舎…
懐かしく心癒やされる「小湊鐵道」

市原市の五井駅から上総中野駅までのローカル線・小湊鐵道は、起点の五井駅を内房線と共有しており、小湊鐵道線のホームに行くために渡る跨線橋にも懐かしい趣がある。区間内18駅のうち、10駅は終日無人駅で、大正時代に建てられた当時のままの木造駅舎が人気を呼ぶ。五井駅から上総牛久駅までは通勤通学で利用されているが、上総牛久駅から終点までは房総の山岳地に行くハイカーや鉄道ファンが多い。最近では見られなくなったディーゼルカーの車体も懐かしいが、車掌が車内で切符を確認して回る光景も懐かしく、心癒やされる。田園風景の中のまばらな家々。春は桜並木や菜の花の畑を走り抜け、停車するのは古く小さな木造の駅。思わずカメラで撮影したくなる。

五井 ― 上総村上 ― 海士有木 ― 上総三又 ― 上総山田 ― 光風台 ― 馬立 ― 上総牛久 ― 上総川間 ― 上総鶴舞 ― 上総久保 ― 高滝 ― 里見 ― 飯給 ― 月崎 ― 上総大久保 ― 養老渓谷 ― 上総中野

いすみ鉄道

黄色いムーミン列車がヒットし、観光列車でも人気の「いすみ鉄道」

いすみ鉄道は、いすみ市の大原駅から、大多喜町の上総中野駅までつなぐ路線。ＪＲ木原線を引き継いで開業したのは昭和63（1988）年。廃線の危機に見舞われながらも、生活の足として存続を願う地域の人々やいすみ鉄道ファンの声援を受け、経営安定の果敢な挑戦を続けている。

ひとつの解決策になったのが、平成21（2009）から運行されている黄色の車体のムーミン列車だ。車内や沿線にもムーミン谷のキャラクター人形が飾られている。このアイデアはヒットし、今やいすみ鉄道を代表する顔として親しまれている。

各駅停車でのんびりと巡る駅や周辺は、房総内陸の自然と城下町の伝統ある雰囲気が残されており、途中下車をして散策したくなる。

大原 ― 西大原 ― 上総東 ― 新田野 ― 風そよぐ谷国吉 ― 上総中川 ― 城見ヶ丘 ― デンタルサポート大多喜 ― 小谷松 ― 東総元 ― 三育学院大学久我原 ― 総元 ― 西畑 ― 上総中野

東京メトロ東西線

地下鉄だが半分は地上を走る東西線。混雑率は東京地下鉄の中でもNo 1

開業の大きな目的は、慢性的混雑で輸送力が逼迫していた中央線や総武線の混雑緩和だった。つまり、当初から両線のバイパス路線として計画されており、JR(当時は国鉄)との相互直通運転を見越して、全長20メートルの車両が導入されている。東京の中野駅から千葉の西船橋駅まで、30.8キロを23駅で結び、地下鉄でありながら全線の約半分(13.8キロ)で地上区間を走る。千葉側の浦安・南行徳・行徳・妙典・原木中山、西船橋の6駅が地上区間だ。

東西線の開通により東京湾岸エリアの人口は増加。東西線の需要はますます上昇した。平成8(1996)年には東葉高速鉄道が開業。西船橋〜東葉勝田台間で相互直通運転が開始され、千葉の勝田台方面からの利用者も加わり、ラッシュ時の混雑ぶりは相変わらずで、現在も東京地下鉄の中でトップクラスだ。

浦安　南行徳　行徳　妙典　原木中山　西船橋

北総鉄道

東京都心と千葉ニュータウンを直結する路線

北総鉄道が運営する北総線は、都心の京成高砂駅(東京都葛飾区)と千葉ニュータウンの印旛日本医大駅(千葉県印西市)までを結ぶ、全32.3キロの路線だ。千葉県内にある駅は、矢切駅(松戸市)から印旛日本医大駅までの13駅(約29キロ)。松戸市から市川市の境を東へ進み、鎌ケ谷市の新鎌ヶ谷駅を経て、千葉ニュータウンの印旛日本医大駅に至る。

平成22(2010)年に開業した京成成田空港線(成田スカイアクセス)と共有しているため、都心から成田空港への空港アクセス列車としても機能。グッドデザイン賞を受賞した「スカイライナー」のスタイリッシュな姿も見ることができる。のどかな緑地に高層マンションやショッピングモールが建ち並ぶ、新旧のコントラストが際立つ路線だ。

矢切　北国分　秋山　東松戸　松飛台　大町　新鎌ヶ谷　西白井　白井　小室　千葉ニュータウン中央　印西牧の原　印旛日本医大

東葉高速鉄道

平成８年開業の比較的新しい路線。発展が期待される「東葉高速鉄道」

東葉高速線は、船橋市の西船橋駅と八千代市の東葉勝田台駅を結ぶ、16.2キロメートル、９駅の路線。西船橋駅では東京メトロ東西線と相互直通運転をしており、ほとんどがそのまま東西線に乗り入れる。このため東葉勝田台駅を発車する平日の電車は、始発を除き、東西線内の中野駅や三鷹駅行きになっている。

東葉勝田台駅から西船橋駅までの所要時間は約20分で、東西線の日本橋駅までは直通で約43分。また主要駅や都心部へのアクセスが容易なため、東葉高速線の沿線は今後もさらに発展が期待されている。平成８（1996）年開業と比較的新しい路線で、沿線には建設されたばかりの道路や建物も目立ち、路線の新しさを感じさせる。駅舎も斬新なものが多い。

西船橋 — 東海神 — 飯山満 — 北習志野 — 船橋日大前 — 八千代緑が丘 — 八千代中央 — 村上 — 東葉勝田台

芝山鉄道

2駅を結び、路線の長さは2.2キロ 日本一短い鉄道「芝山鉄道」

芝山鉄道は成田空港や千葉県などが出資する第３セクターとして設立された。開業は平成14（2002）年。芝山千代田駅と東成田駅の２駅を結び、その路線の長さは2.2キロ。ケーブルカーやモノレールなどの特殊な鉄道を除くと、営業距離が日本一短い鉄道だ。どうしてこんなに短い鉄道が敷かれたのかというと、成田空港が建設されることで通行が分断されてしまう空港東側地域への対策が大きな理由だ。芝山町議会などが国に建設を要望。開業まで25年も有したが、それは路線の建設計画上に空港反対派用地が存在したため、迂回せざるを得なかったからだ。

車両は、京成電鉄からのリース車両の3500形４両編成。全線が空港敷地内、隣接地内を走るため、空港警備の一環として駅構内だけでなく、車内にも制服着用の警察官が常に乗車し、警備しているのもこの鉄道の特徴だ。

東成田 ― 芝山千代田

千葉都市モノレール

2路線からなる総営業距離15.2キロの懸垂型モノレール

タウンライナーの愛称でも親しまれている千葉都市モノレールは、千葉市内、千葉みなと駅から県庁前駅を結ぶ１号線と、千葉駅から千城台駅を結ぶ２号線の２路線からなる総営業距離15.2キロの懸垂型モノレール。懸垂型モノレールとしては、世界最長で、ギネス・ワールド・レコードに登録されている。

千葉みなと駅から、千葉駅を経由し県庁前を結ぶ１号線は、全約3.2キロの中に６つの駅があり、千葉駅(中央区)から千城台駅(若葉区)までを結ぶ2号線は、全約12キロに13駅がある。いずれの路線も平日は通勤・通学客、休日は家族連れに利用されており、都市モノレールとしてなくてはならない存在だ。

千葉みなと ― 市役所前 ― 千葉 ― 栄町 ― 葭川公園 ― 県庁前

千葉 ― 千葉公園 ― 作草部 ― 天台 ― 穴川 ― スポーツセンター ― 動物公園 ― みつわ台 ― 都賀 ― 桜木 ― 小倉台 ― 千城台北 ― 千城台

成田スカイアクセス線

国際空港・成田と首都・東京を結ぶ快速トラベラーズ鉄道

成田スカイアクセス線は、成田空港へ直結する全51.4キロの鉄道路線で、正式名は京成成田空港線。印旛日本医大まで通じている北総鉄道北総線をさらに延伸し、平成22（2010）年７月、成田国際空港ターミナルまでの乗り入れを実現した。

スカイライナーとアクセス特急が走行しており、千葉県内の停車駅は、スカイライナーが空港第２ビル・成田空港駅の２駅。アクセス特急は、東松戸・新鎌ケ谷・千葉ニュータウン中央・印旛日本医大・成田湯川・空港第２ビル・成田空港の７駅。地域の鉄道路線というよりも、国際空港・成田と首都・東京をつなぐ「最先端のアクセス線」をねらっている。上野駅を始発に、日暮里駅と空港第２ビル駅間をノンストップ・最速36分で走る「スカイライナー」の雄姿を見るのは、沿線の人たちの楽しみでもある。

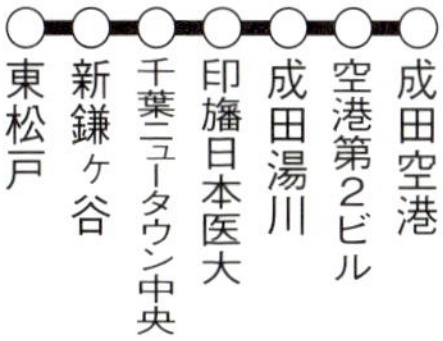

つくばエクスプレス

秋葉原駅とつくば駅間58キロを最短45分で結ぶ「つくばエクスプレス」

平成17（2005）年８月に開業した「つくばエクスプレス(略称ＴＸ)」は、秋葉原と茨城県つくば市58.3キロを、最速約45分で結ぶ高速鉄道だ。用地買収などに手間取り、構想から開業まで20年かかったが、鉄道空白地帯と言われた茨城県南西部の交通事情を画期的に高めることになった。

第３セクター運営による路線で、自動列車運転装置（ATO）と自動列車制御装置（ATC）を搭載した最先端トレインを採用、最高速度の時速は130キロ。しかも全路線が高架または地下を走るため、踏切は皆無。また、全区間に長さ200メートル以上のロングレールを使用しているので、継ぎ目が少なく列車の走行に伴う振動や騒音が低減され乗り心地も快適そのものだ。全20駅は、東京・埼玉・千葉・茨城の１都３県をまたぐ。千葉県内には、南流山・流山セントラルパーク・流山おおたかの森・柏の葉キャンパス・柏たなかの５駅に停車する。

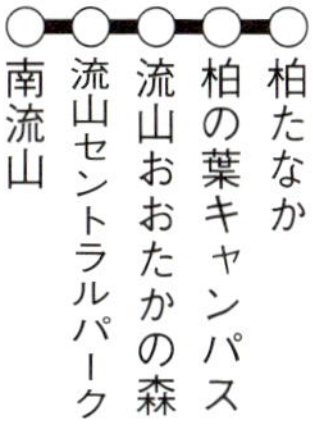

園内の一角には、市川市の文化財に指定されている明戸古墳石棺もある。

里見公園の園内にはバラ園もあり、四季折々の花々が咲き競う。

京成電鉄 国府台

こうのだい

所 市川市市川3-30-1
開 大正3(1914)年8月30日
乗 1万2317人

73-1

国府台合戦跡として知られる里見公園

所在地▶市川市国府台3-9
アクセス▶国府台駅からバスで「国府台病院」下車、徒歩5分

かつて国府台は下総国府が置かれ、下総国の政治や文化の中心地であった。その下総台地の西端に位置するのが、現在は桜の名所となった里見公園だ。その後バラ園もつくられ、国際親善にも一役買うなど華やかな場所に変身したが、昔は武将たちの激しい攻防戦の舞台だったところだ。

天文7(1538)年、足利義明は里見義堯などを率いて国府台に陣をとり北条氏綱軍と戦った。しかし、この戦は北条軍が勝利をおさめ義明は戦死、房総軍は敗退する。さらに永禄7(1564)年、里見義堯の子・義弘は国府台城で北条軍と再度対戦する。ところがこの合戦も北条軍の

東京小岩で詩人・北原白秋が創作活動をした時の離れ（紫煙草舎）も園内にある。

箱形の石棺は、古墳時代後期と言われるこの地方の豪族の墓。

大勝となり、以降、国府台は北条氏の支配下に置かれる。やがて江戸時代になり、徳川家康が関東を治めると、国府台城は江戸俯瞰の地であることから廃城となる。その後、明治から終戦まで国府台は兵舎の立ち並ぶ軍隊の街として栄えた。そして昭和33（1958）年、市川市はこの古戦場跡に里見公園を開設(面積8・4ヘクタール)した。

もともと里見公園の地形は、江戸川に向かってコの字型に二重の土塁が築かれていたと推定されている。古文書などからこの土塁の外側は空堀が囲っていたことが分かった。これが国府台城の城跡で、城は文明11（1479）年に太田道灌が築いたものと伝えられている。

公園の南斜面下には、里見一族が布陣の際の飲用水として使用したと言われる「羅漢の井」がある。また公園の一角には、里見諸士群亡塚・里見諸将群霊墓・里見広次公廟、伝説が秘められた〝夜泣き石〟などがひっそりと保存されている。さらに公園の裏山には、「明戸古墳石館」と呼ばれる2つの石館が残っており、市川市の文化財に指定されている。

商店街にある“荷風ノ散歩道”の看板(右)。閉店してしまった「大黒家」(左)。

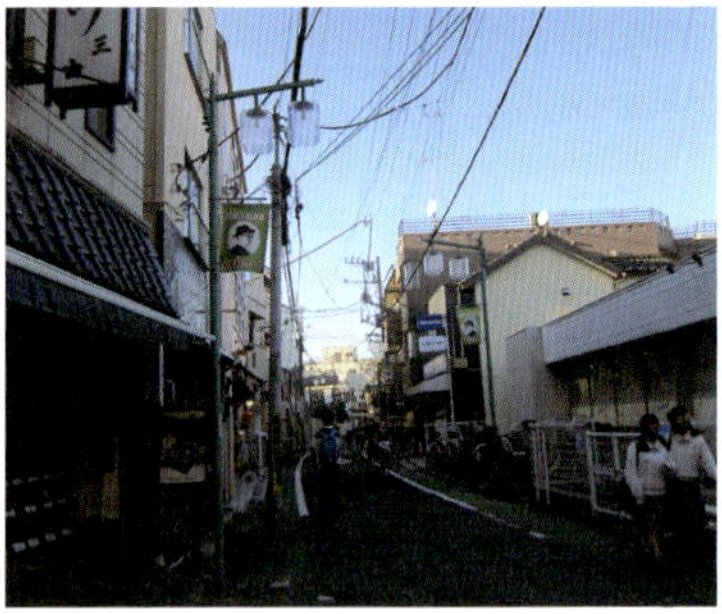

永井荷風が愛した八幡の街。特に駅前の商店街は、カツ丼を食べに通った道だ。

京成八幡

所 市川市八幡3-2-1
開 大正4(1915)年11月3日
乗 3万4587人

74-1

荷風ノ散歩道
京成八幡駅前から白幡天神社まで

東京大空襲で自宅を焼失し、仮住まいのつもりで市川に来た永井荷風は、この地に思わぬ癒やしを発見し、周辺を歩き回ってその散策記を「断腸亭日乗」や「葛飾土産」などにまとめている。

荷風が移り住んだ元八幡界隈は、昔から屋敷街として知られ、中でも荷風が最後に住んだ京成八幡駅付近は、クロマツの並木が残り、白幡天神社や葛飾八幡宮などの古社も近く、晩年の荷風の散歩コースだった。

荷風は常日頃から、自分は「市川が好き、市川を墳墓の地と決めた」と話していたという。しかし、荷風の日常の生活は質素な自炊生活で、わびしいものだった。古い背広に蝶ネクタイ、下駄履きにこうもり傘、買い物カゴのいでたちがトレードマークで、その姿でたびたび浅草にも出掛け、踊り子たちとの交友を楽しんだ。

駅前の商店街に掲げられたのぼりには、晩年の荷風を模したイラスト

市川らしく、白幡天神社境内には、幸田露伴など文化人の石碑が多く見られる。

源頼朝が安房国で旗揚げした際に白旗を掲げたのが、「白幡天神社」の由来。

入りで「荷風ノ散歩道」と記されている。

74-2

頼朝の旗揚げに由来する
白幡天神社

所在地 市川市菅野1-15-2
アクセス 京成八幡駅から徒歩7分

社伝によると、治承4（1180）年に、源頼朝が安房国に旗揚げをした際、この地に白旗を掲げたことからで、「白幡宮」と名付けられたと伝えられる。

当時の頼朝は、石橋山の戦いで敗れて安房国に逃れ、その後に房総に勢力を持つ上総・千葉両氏の支持を受けて、鎌倉へ向かうことになるので、その際、訪れたものと思われる。下総国の国府があった市川周辺には、頼朝が訪れた伝承が多くあり、近くの葛飾八幡宮にも、八幡神を信仰する頼朝が自ら参詣し、勝利を祈願したという伝承が残っている。

天正12（1584）年、正親町天皇の時代に本殿を再建した記録がある。明治4（1871）年、菅原道真を合祀したことで、社名に「天」が加わり、「白幡天神社」と呼ばれるようになった。現在の本殿は明治13（1880）年に造られた。また、拝殿、弊殿は昭和36（1961）年に造営され、拝殿の霧除け、及び欄干・東西参道への鳥居の新設は昭和58（1983）年、神門は翌年に築造された。社額は勝海舟の揮毫によるもので、明治の造営を記念した板絵は柴田是真作で、県の重要文化財に指定されている。

緑に囲まれた境内は約2000坪、社殿の右手には古峯神社・浅間宮・白山妙理大権現・小御嶽石尊大権現・稲荷神社などの境内社が立ち並ぶ。歌碑や石碑も多く、菅野が終焉の地で、この神社で葬儀が行われた幸田露伴の碑もある。散歩コースでよく立ち寄ったという永井荷風の文学碑もある。

八幡を愛した永井荷風の散歩コースになっていた天神社。荷風の石碑もある。

晩年は市川に住み、毎日のように食べていた！「大黒家のカツ丼」を愛した永井荷風

永井荷風が市川に移ったのは昭和21（1946）年1月で、当初は菅野の大島方に下宿。翌年には同じ菅野に住むフランス文学者・小西茂也宅へ引っ越す。そして23年12月に18坪の家を買って移転。終焉の地となる京成八幡駅に近い八幡3丁目の家は、昭和32（1957）年3月に新築したものだ。荷風が亡くなったのは昭和34年4月30日なので、市川には13年ほど住んでいたことになる。「断腸亭日乗」という日記には、市川周辺の風物がたびたび描かれている。

晩年は毎日のように食べていたという大黒家のカツ丼が有名で、この店は京成八幡駅のすぐ目の前。最近まで営業していたが、残念ながら平成29（2017）年6月に閉店してしまった。荷風がかつて食べていたメニュー（カツ丼、しじみ汁、漬物、菊正宗1合）をまとめた荷風セット（1500円）が人気だった。

東山魁夷記念館には、おしゃれなカフェレストランが併設されている。

魁夷が留学したドイツの民家をイメージして建てられた「東山魁夷記念館」。

京成中山

所 船橋市本中山1-9-1
開 大正4（1915）年11月3日
乗 3780人

75-1

日本画の巨匠で市川の名誉市民
東山魁夷記念館

所在地 市川市中山1-16-2
アクセス 京成中山駅から徒歩15分

平成17（2005）年11月にオープンしたこの記念館は、日本画の巨匠で市川の名誉市民にもなっている東山魁夷の生涯や身の回りの資料を展示、紹介している。1階には「人間東山魁夷の軌跡をたどる」として、若い時代の思い出や創作活動の資料などが展示され、2階には市川市と東山家の収蔵作品を展示。また「東山芸術の世界と感動」として、未公開のスケッチなども公開されている。魁夷は、昭和20（1945）年から逝去する平成11（1999）年まで約50年間、市川に在住し、「私の戦後の代表作はすべて市川の水で描かれている」と話していた。記念館の外観は、魁夷が留学時代を過ごし、また、後になってたびたび訪れて描いたドイツの民家をイメージしている。館内にはショップやカフェレストランも併設されている。10時〜17時（入館は16時30分まで）、月曜休館。

スーパーやコンビニとはひと味違う、対面販売の親近感がこの市場の魅力。

一般開放されている船橋市場の付属商店舗棟。現在も60店舗近い店が並ぶ。

京成船橋

所 船橋市本町1-5-1
開 大正5(1916)年12月30日
乗 9万4507

76-1

船橋市場（船橋地方卸売市場）

一般開放して約10年！多彩なイベントも開催

所在地 船橋市船橋市場1-8-1
アクセス 京成船橋駅から徒歩15分

昭和44（1969）年に開設された船橋市場（船橋市中央卸売市場）は、青果とともに「付属商店舗棟」という名称で、約60店舗がスーパーや商店などを対象に卸業者としてスタートした。そして3年後には鮮魚店が加わり、その後、昭和54（1979）年に「付属商店舗棟」は「関連棟」と名称を変更。多いときで83店舗が営業していたが、現在は54店舗が営業している。

関連棟は、市場関係者だけでなく一般客も利用できる。肉・総菜・飲料品・花などを扱う店舗のほか、調理用具・包装資材・事務用品などを扱う店も並ぶ。また、新鮮な素材を使って安価で美味しい飲食店も13店舗あり、ランチ目当てに立ち寄る人が目立つ。このほか、マッサージや理髪店もある。

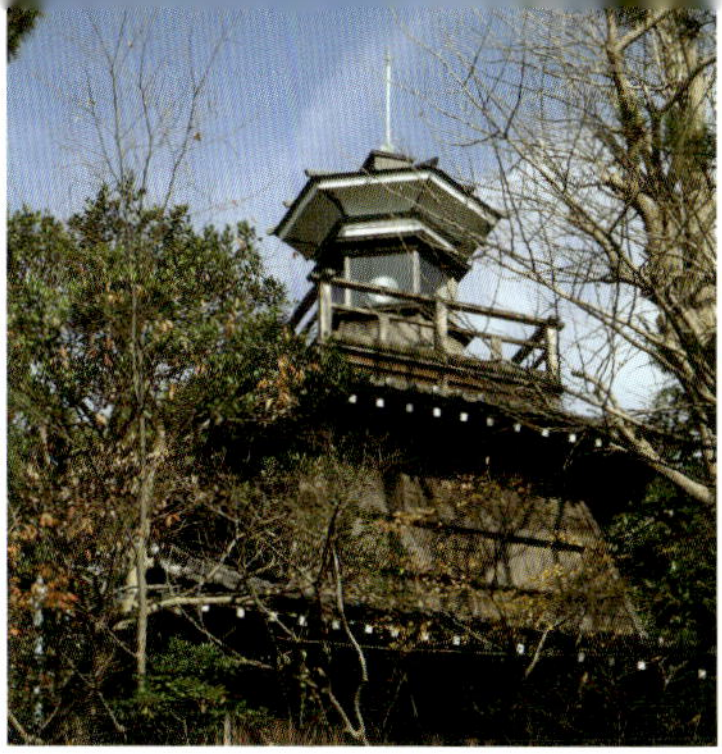
船橋大神宮境内にある木造3階建て六角形の洋風灯明台（市指定無形民俗文化財）。

古社として知られる意富比神社は境内社が多い。写真はその一つ「常盤神社」。

卸売市場を一般開放するようになって約10年。さらに付加価値を付けようと、市場全体で行うイベント「楽市」や、関連棟で行う「市民感謝デー」なども開催し、一般市民にも積極的にアピールしている。スーパーやコンビニが増え、個人商店が減った現在、対面販売の魅力を備えた〝ビッグコンビニエンス〟としての市場の存在は大きい。

大神宮下

所 船橋市宮本2-9-9
開 大正10（1921）年7月17日
乗 4310人

77-1

〝夕日の宮〟とも呼ばれる古社
船橋大神宮（意富比神社）

所在地 千葉県船橋市宮本5-2-1
アクセス 大神宮下駅から徒歩3分

千葉街道と成田街道の分岐点近くの丘の上に、正式名が「意富比（おおひ）神社」と言われる船橋大神宮が鎮座する。

社伝によると、景行天皇が東国巡行の折、食膳を司った御食津神と海神を祀ったのが始まりという。その後、伊勢神宮から天照皇大神を分祀し、海を見下ろす台上に祀ったのが、現在の大神宮の元になった。伊勢

コンパクトで、客席の距離も近いので、臨場感のあるレースが楽しめる船橋競馬場の馬場。

“夕日の宮”とも呼ばれる船橋大神社(意富比神社)の神門。奥に社殿がある。

神宮の〝朝日の宮〟に対して、この神社は〝夕日の宮〟と呼ばれ、宝物の神鏡一枚がある。

日本武尊の東征にちなんだ創建伝説が残るが、これは大和政権が東国経営にあたって伊勢の神威を利用した、という説もある。下宮には御食津神と同じく糧食を司る豊受皇大神を祀っている。海神も併せ祀るのは、内湾沿いの漁民の厚い信仰に応えたものだ。

境内には、木造3階建て六角形の洋風灯明台があり、県の有形民俗文化財として保存されている。家康が船橋に寄った際に、漁師の子どもたちの相撲を供覧したのが始まりと伝わる「大人相撲」は、毎年10月20日の例祭に開催。正月や節分に演じられる神楽は、船橋市指定無形民俗文化財になっている。

船橋競馬場

所 船橋市宮本8-42-1
開 昭和2(1927)年8月21日
乗 2万176人

78-1

ナイター競馬が人気 船橋競馬場

所在地 船橋市若松1-2-1
アクセス 船橋競馬場駅から徒歩5分

京成電鉄の船橋競馬駅。文字通り、船橋競馬場の最寄り駅だ。

岩の上に馬の銅像が建つ、「船橋競馬場」。地元では「船橋ケイバ」と表記されている。

日本で唯一、市内に競馬場が2か所あるという船橋市だが、地元民にとっては「船橋ケイバ」と表記される船橋競馬場のほうに親近感を持っている。昭和25（１９５０）年創設されて以来、地方競馬屈指の名馬を何頭も輩出し、平成27（２０１５）年から開始した、冬季を除き開催されるナイター競馬「ハートビートナイター」も自慢だ。馬場と客席の距離が近いので、臨場感のあるレースが観戦できる。

この競馬場の主催者は、千葉県・船橋市・習志野市からなる千葉県競馬組合で、土地や施設は「よみうりランド」から賃借している。馬場は左回りで、１周１４００メートルの外回りコースと、１２５０メートルの内回りコースからなる。コーナーの内外に高低差を付けることにより、各馬の有利・不利をなくしているので、騎手たちからは「非常に乗りやすいコース」と評価されている。

場内の牛スジ・焼きそば・あんかけ焼きそばなどが名物で、入場料金１００円を払って食べに来る人も多い。周辺にららぽーとＴＯＫＹＯ-ＢＡＹ、ビビット南船橋、大型家具店イケア船橋、谷津干潟などがある。

谷津バラ園の入口脇には、「読売巨人軍発祥の地」という石碑もある。

かつての谷津公園は、現在、「習志野市谷津バラ園」として残されている。

谷津

所 習志野市谷津5-4-5
開 大正10（1921）年7月17日
乗 1万824人

79-1

それは旧谷津遊園の野球場で始まった… 習志野市はプロ野球発祥の地

所在地 習志野市谷津3-1-14
アクセス 谷津駅から徒歩5分

京成本線の谷津駅で降りて、南へ500メートルほど行くと、谷津干潟に面した谷津公園があるが、その公園内にある谷津バラ園の入口脇に、「読売巨人軍発祥の地」という石碑がある。一見、石造りのベンチのような記念碑だ。手前の平らな部分には、川上哲治・長島茂雄・王貞治など巨人軍の選手の手形がズラリと並んでいる。つまり、この地は「日本のプロ野球発祥の地」なのだ。昭和9（1934）年11月、読売新聞社の社長・正力松太郎は、日本野球界の発展を目的にアメリカの選抜チームを招聘した。この時来日したのは、ベーブ・ルース、ルー・ゲーリックなどアメリカ大リーグのスターチームだった。

これに対する全日本チームは、当時まだプロ野球団がなかったため、六大学の名選手を中心に編成。伝説の大投手、沢村栄治なども招集して

八千代台駅の西口のロータリーには、「住宅公団発祥の地」を示す石碑がある。

日本のプロ野球が誕生した証しとして、「プロ野球発祥の地」の案内板も建つ。

試合に備えた。この時、両チームの練習場になったのが、旧谷津遊園内にあった谷津野球場だった。昭和9年12月、この全日本選抜メンバーを母体に東京読売巨人軍（後に読売巨人軍に改名）が創設され、日本のプロ野球が誕生する。

この地は大正14（1925）年に京成電鉄が塩田跡地を開発して「谷津遊園」を建設。行楽地として賑わったものの、昭和57（1982）年に閉園。その後は谷津公園となり、当時から人気のあったバラ園だけは現在も「習志野市谷津バラ園」として残されている。そしてバラ園入口には、歴史の第一歩を踏み出した証しとして、記念碑が建てられているのだ。

八千代台

所 八千代市八千代台北1-0
開 昭和31（1956）年3月20日
乗 4万6514人

80-1

すすき野原での壮大なプロジェクト
八代市は住宅団地発祥の地

千葉県の北西部に位置する八千代市は、ベッドタウンとして急激な発展を遂げてきた。市内には大規模な住宅団地が点在するが、その先陣を

昭和44（1969）年に橋上駅舎化した八千代台駅。平日は通勤通学客で混雑する。

昭和30（1955）年3月に日本初の住宅団地として誕生した「八千代台団地」。

切ったのが、日本初の住宅団地と言われる「八千代台団地」だ。最寄り駅の京成八千代台駅西口前のロータリーには、「住宅団地発祥の地」という石碑が建っている。碑文には「付近には明治以来習志野騎兵旅団が駐屯し、八千代台団地もその旅団の練兵場であったが、昭和30（1955）年3月多くの協力を得て、千葉県住宅協会の手でこの地に全国初の住宅団地が誕生した」とある。これが契機となり住宅金融公庫は団地造成に対する融資制度を確立。全国で次々と住宅団地の造成が始まった。

八千代市が日本初の大規模宅地造成地に選ばれたのは、習志野騎兵旅団の駐屯跡地が広大なすすき野原として残っていたからだ。これは当時町になったばかりの旧八千代町内の国有地で、約13万坪あった。そしてこの土地が候補地に決まり、壮大なニュータウン造成のプロジェクトが始まった。中心になったのは、当時発足したばかりの千葉県住宅協会（現在の千葉県住宅供給公社）だ。

この13万坪の土地に駅や道路、ガスや電気、上下水道を整備。さらには商業施設や学校、公園などと、都市施設やインフラの工事は目白押しだった。しかし、関係者は一丸となってこれをやり遂げ、その後に続く住宅開発のモデルケースとして大きな役割を果たした。駅前の記念碑はその努力の象徴になっている。

館内の展示室では、実物資料のほか、復元模型まで展示される。

「歴博」の愛称で呼ばれる、佐倉の「国立歴史民俗博物館」。

京成佐倉

所 佐倉市栄町1001-5
開 大正15（1926）年12月9日
乗 1万8851人

81-1

国立歴史民俗博物館

日本で唯一の国立の博物館

所在地 佐倉市城内町117
アクセス 京成佐倉駅から徒歩15分

佐倉城址公園の一画には、「歴博」の愛称で知られる、日本で唯一の国立歴史民俗博物館が、昭和58（1983）年に建てられている。敷地は約13万平方メートル、延べ床面積約3万5000平方メートルと壮大なスケールだ。

日本の歴史と文化を総合的に研究・展示する博物館で、原始・古代から近代に至るまでが時代別に分かれ、実物資料のほか、精密な複製品や復元模型が展示されている。また常設・企画展示だけでなく、歴博講演会や小学生（高学年）と中学生を対象にした歴博探険も毎月開かれる。周囲は公園として整備され、四季折々の自然も満喫できる。また公園内には東京の乃木神社から移築された茶室「三逕亭（さんけいてい）」が一般公開されている。

安政5年に建てられた、佐倉順天堂記念館の内部。当時の面影が残されている。

順天堂病院の母体となった「佐倉順天堂記念館」。県の史跡に指定されている。

81-2

佐倉は、西洋医学揺籃の地
「佐倉順天堂記念館」

所在地 佐倉市本町81
アクセス 京成佐倉駅からバスで「順天堂病院」下車すぐ

幕末期に佐倉城主となった堀田正睦は洋学の受け入れに熱心で、藩医をいち早く長崎に遊学させる。そして天保14（1843）年、江戸で評判の蘭学医・佐藤泰然を佐倉に招き、医塾と診療所を兼ねた「順天堂塾」（順天堂病院の母胎）を創設した。

外科医としても思想家としても進取な考え方を持っていた泰然は、この塾を中心に医生の教育と治療往診を行い、多くの弟子を育てている。塾生は全国から集まり、「西の長崎、東の佐倉」と言われるほど蘭学の盛んな地になった。

安政5（1858）年に建てられた建物の一部が佐倉市本町に残っており、千葉県は史跡に指定。「佐倉順天堂記念館」として公開している。記念館では当時の医学書や医療器具なども展示している。

昭和53年に宗吾様の325年記念事業として完成した「宗吾霊堂仁王門」。

大正10年に8ヶ月の歳月を費やして再建された「宗吾霊堂大本堂」。

宗吾参道

所 印旛郡酒々井町下岩橋字仲田432-3
開 昭和3（1928）年4月1日
乗 2661人

82-1

義民伝説で知られるお寺
宗吾霊堂

所在地 成田市宗吾1-588
アクセス 宗吾参道駅から徒歩10分

駅の北側、1.2キロほどのところに鳴鐘山東勝寺がある。この寺は、古代の蝦夷攻めの指揮官・坂上田村麻呂が戦没者供養のために建立した寺院だが、本堂には歌舞伎で知られる義民佐倉宗吾（本名木内惣五郎）の霊が祀られていることから、「宗吾霊堂」とも呼ばれている。

木内惣五郎は、下総佐倉領公津村の名主で、承応年間（1652〜55）、凶作と過酷な重税に苦しむ農民たちを救おうと、他の名主たちを代表して当時の四代将軍家綱に直訴した。これにより重税は見直されたが、禁じられていた直訴を決行した罪で、惣五郎は幼い子供たちとともに処刑される。まさに命がけの直訴であった。この事件の真相には諸説あるが、いずれにしても惣五郎の犠牲的行為は領民たちの心を打ち、佐倉藩も惣五郎の名誉を回復し、宗吾霊堂として手厚く霊を祀った。惣五

富里市両国の公園に建立されている「西洋式牧畜発祥の地の碑」。

木々の緑に包まれた宗吾霊堂境内には、数多くの紫陽花が咲いている。

郎は庶民の英雄として義民伝説も生まれ、芝居や講談の演目としても人気を集め、供養堂には現在も全国からの参拝人が絶えない。

境内には、義民の伝説をパノラマ風に展示した資料館（宗吾一代記館）が設置されている。また霊堂裏には5500株ものアジサイが植えられた「あじさい園」があり、毎年6月には〝紫陽花まつり〟が行われている。

京成成田

所 成田市花崎町814
開 大正14（1925）年12月24日
乗 3万5933人

83-1

脈々と続いた牧畜の歴史を継承
富里市は西洋式牧畜発祥の地

所在地 富里市十倉字両国沖1322-4
アクセス 京成成田駅からバスで「流れ」下車、徒歩10分

千葉県の北部中央に位置する富里市は、面積の7割近くが山林か農地で、馬と西瓜で有名だ。特に馬については、肥沃な原野を活かした牧場経営が平安時代まで遡る。そして江戸期、徳川幕府の下総地方への入府により、大規模な「牧」経営が組織的に運営された土地柄である。

このような歴史を背景に、明治8（1875）年、時の内務卿大久保利

御料牧場の歴史をとどめる歴史公園
「三里塚記念公園」

成田国際空港の建設に伴い、下総御料牧場は栃木県に移転。その跡地の一部は整備されて三里塚記念公園が造られた。美しいマロニエの並木道が続く広い敷地の園内には、百年余におよぶ御料牧場の歴史をとどめるため、「三里塚御料牧場記念館」が建てられた。館内には御料牧場の歴史の変遷、皇室関係の資料や牧畜機材なども保存展示されている。

また園内には、明治政府から招かれたアメリカ人牧羊家ジョーンズが官舎として使っていた建物を移築整備した貴賓館も存在する。この貴賓館には今上天皇が皇太子だった学習院初等科時代に宿泊されたという。貴賓館の前庭広場には三里塚ゆかりの高村光太郎や水野葉舟の文学碑もある。春は桜の名所で、日本の歴史公園100選に選ばれている。

通は、近代牧畜と毛織物の原材料となる羊毛の国内自給を目指し、日本で最初の牧羊場を富里市十倉、御料などに開設。それを管理する事務所を両国に置いた。

国内初の牧羊場経営という試みであったことから、明治政府はアメリカ人牧羊家のジョーンズ氏を招き、牧羊場地の選定から飼育の仕方まで指導を受け、羊の飼育を始めた。

しかし明治12（1879）年、ジョーンズは不慮の事故により退職。下総牧羊場は当初の計画通りの成果を上げることが不可能になる。明治13（1880）年には付近の取香種畜場と合併、下総種畜場に変わったことで短い牧羊場経営

三里塚記念公園に移築された牧羊家ジョーンズ氏の官舎（下総御料牧場史より）。

スイカロードレースでは、水分補給に水の代わりにスイカが渡される。

当時の西洋式牧場には馬や羊がのびのび放牧されていた（下総御料牧場史より）。

に幕が引かれた。管理事務所は三里塚（成田市）へ移る。その後、昭和17（1942）年に「下総御料牧場」として再生を果たしたが、この地に成田空港（現・成田国際空港）の建設が計画されたことから、昭和44（1969）年、下総御料牧場は栃木県那須へ移転した。富里市ではこの地が近代牧畜発祥の地であったことを残すため、両国の公園に「富里牧羊場跡の碑」を建立した。この碑は昭和30（1955）年に千葉県の史跡に指定された。

83-2

名産のスイカとロードレースを合体したイベント

ユニークな「富里スイカロードレース」

所在地　富里市十倉字両国沖1322-4

アクセス　京成成田駅からバスで「流れ」下車、徒歩10分

富里は、スイカ栽培では「東の横綱」（西は熊本）と呼ばれるほどの名産地。北総台地の火山灰土壌と昼夜の温度差が大きいというスイカの栽培には恵まれた自然環境のもと、昭和8（1933）年に栽培が始まった。その後「子づるを一方向に伸ばし、一斉に果実をつける」という独特の栽培法が定着。一貫した手作業の丁寧な手法と、昭和11（1936）年に皇室にスイカを献上したこともあり、「富里スイカ」の名前は全国に知られるようになった。

スイカを食べて元気に走る選手たち。バックにスイカ模様のガスホルダーも見える。

またスイカの産地にちなみ、毎年6月に「スイカロードレース大会」を開催。町おこしでスタートしたこの大会もすでに30年以上の実績を持ち、毎回、定員1万3000人に対して2倍以上の応募があり、全国各地から参加者が押し寄せる。

ロードレースの目玉は、給水所の代わりに「給スイカ所」が設けられること。当日朝に用意する新鮮なカットスイカがランナーたちに配られる。

果肉部分の約90％が水分のスイカで水分補強は画期的。またスイカの赤い色素に含まれるリコピンは強力な抗酸化作用があり（トマトの1・5倍）、走ることで体内にできた過剰な活性酸素の働きも抑えられる。

完走後も甘いスイカが堪能できるサービスコーナーがあり、入賞者には賞品と富里スイカ1玉が進呈されるという、まさにスイカ一色のロードレース大会だ。会場にはスイカのアドバルーン、市内には巨大なスイカ模様のガスホルダー（千葉ガス・富里供給所）があるなど、雰囲気もスイカの町・富里を盛り上げる。スタートとゴールは富里市役所に隣接する富里中学校校庭になっている。

＊成田空港は、成田スカイアクセス線（283ページ）に掲載

京成幕張駅近くの塀に囲まれた一角には「昆陽先生甘藷試作地之地」碑がある。

天明、天保の大飢饉を救った青木昆陽の貢献を讃えて創建された「昆陽神社」。

京成幕張

所　千葉市花見川区幕張町4-601
開　大正10（1921）年7月17日
乗　8124人

84-1

昆陽神社

青木昆陽の功績を讃えて創建

所在地　千葉市花見川区幕張町4-594-2
アクセス　京成幕張駅から徒歩5分

江戸時代中期に起きた享保の大飢饉では、九州でつくられていたサツマイモが飢餓対策として役立った。これに注目した儒学者・青木昆陽は、サツマイモが救荒作物として優れていることを記した「蕃藷考」を享保20（1735）年に著し、時の八代将軍吉宗に提出した。吉宗はこれを採用し昆陽を責任者にして試作を命じた。試作地には江戸小石川のほか下総馬加村（現・幕張市）、上総不動堂村（現・九十九里町）が選ばれた。両地での実験栽培の結果、サツマイモの多収穫性が実証され、以後、両総を中心にサツマイモ栽培は関東に普及して行く。天明の飢饉の際には栽培地では飢えを知らなかったと言われる。地元ではこれに感謝し、弘化3（1846）年、昆陽の功績を讃え昆陽神社を創建した。現在この神社は幕張町の秋葉神社境内にある。

自然の地形を生かして整備された青葉の森公園は、春になると美しい桜が見られる。

東京ディズニーランドとほぼ同じ広さの「千葉県立青葉の森公園」。

千葉寺

所 千葉市中央区千葉寺町９１２-１
開 平成４（１９９２）年４月１日
乗 ４７４７人

85-1

園内に県立中央博物館、荒久古墳も
千葉県立青葉の森公園

所在地 千葉市中央区青葉町９７７-１
アクセス 千葉寺駅から徒歩８分

日本の畜産技術研究発祥の地として大正６（１９１７）年に設立された農林水産省畜産試験場跡地に建設されたのがこの「千葉県立青葉の森公園」だ。敷地は53・７ヘクタールと、東京ディズニーランドとほぼ同じ広さ。しかも千葉市の中央部に残された貴重な樹木や自然の地形が生かされており、桜や梅の名所でもある。ネーチャーゾーン、レクリエーションゾーン、カルチャーゾーン、スポーツゾーンと分けられており、陸上競技場などのスポーツ施設や博物館、文化ホールなどの文化施設も充実している。

昭和62（１９８７）年のスポーツゾーンを皮切りに、平成元（１９８９）年には、中央博物館・生態園が完成。10年後には彫刻の広場・西洋庭園、平成４（１９９２）年には芸術文化ホールが出来る。そして次の年には、

千葉寺が歴史のあるお寺であることは、県道沿いに建つ仁王門を見れば分かる。

「房総の自然と人間」を全体のテーマにした「千葉県立中央博物館」。

おはなみ広場・さくら山が開園した。さらに平成7（1995）年には公園センター、わんぱく広場、最後となる翌年には、つくしんぼの家・水の広場が順次オープンした。

中でも注目されるのが、カルチャーゾーンにある県立中央博物館だ。「房総の自然と人間」を全体テーマとしたこの博物館は、3つの主要展示室で千葉の魅力をアピール。標本や写真のほか、実物大のナウマンゾウの骨格模型など、各種のレプリカやジオラマなども展示している。房総の自然誌の展示室も充実し、隣接して野外施設の生態園も設置されている。

このほか園内には、古墳時代末期の築造と推定され、昭和35（1960）年に千葉市の史跡に指定された「荒久古墳」も保存されている。

85-2

天然記念物の大イチョウが名物！ 歴史を誇る「千葉寺」

所在地▶千葉市中央区千葉寺町161
アクセス▶千葉寺駅から徒歩で10分

県道千葉大網街道沿いに古めかしい仁王門が建っているが、これをくぐるとまず樹齢1000年余のイチョウの老木（県指定天然記念物）に

真言宗豊山派の寺院「千葉寺」の本堂。本尊には十一面観音が祀られている。

千葉寺の境内にある樹齢1000年以上のイチョウの老木は、県指定天然記念物。

圧倒される。樹高30メートル、幹周りは8メートルで、枝葉が四方に生い茂り、寺創建時代からの樹勢を誇り、この寺の名物になっている。

坂東二十九番の観音霊場としても知られ、市内最古の寺と言われる千葉寺は「せんようじ」と読み、この土地に咲く千葉（せんよう）の蓮の花が由来とされている。寺伝によるとこの寺は和銅2（709）年、この地を訪れた僧行基が薬師如来と十一観音の二像を刻んで寺を開き、「海照山青蓮千葉寺」と称したことに始まるという。しかし戦後の調査で創建は奈良時代から平安時代初期と見られ、地元を支配した千葉国造系の氏寺として建てられた説が有力だ。その後、千葉寺は古代末期から猪鼻城主となった千葉氏の保護を受けるようになった。

現在の堂宇は、江戸時代再建の山門をはじめ鐘楼、大師堂、それに戦後建てられた観音堂（十一面観音）と本堂（大日如来）があるだけで、観音像も創建時のものではなく、新たに彫像されたものだ。しかし名代の観音霊場であるだけに、毎年3～5月には巡礼が訪れて賑わっている。

寺には、かつて〝千葉笑い〟という行事が伝えられていた。これは毎年大晦日の晩に、住民が面で顔を覆って集合し、地頭・代官などへの不満や悪口を言いまくり、最後にみんなで笑い合って正月を迎える、というもの。寺を舞台に庶民の憂さ晴らしの行事として、明治年間まで続いたと言われる。

カール・ヤーンを訪ねた飯田技師（右）。資料提供：かすみがうら市郷土資料館。

収容所でソーセージづくりを教えたソーセージ職人・カール・ヤーン（右）。

新京成電鉄

新京成電鉄 習志野

所 船橋市習志野台4-1-9
開 昭和23（1948）年10月8日
乗 1万3222人

86-1

ルーツはドイツ人の捕虜収容所
日本のソーセージ製造発祥の地

習志野市の東習志野には、大正の初め頃、第一次世界大戦中に日本の捕虜となったドイツ人兵約1000人が収容されていた大規模な捕虜収容所があった。所長は西郷隆盛の嫡子・西郷寅太郎大佐で、ドイツの士官学校に留学を持つ経験から、ドイツ人兵に深い理解を持っていた。

捕虜収容所というと、鉄条網の中での閉ざされた生活を想像するが、習志野の収容所暮らしは違った。映画鑑賞やサッカーやテニスなどのスポーツも盛んに行われ、捕虜によるオーケストラも結成された。周辺の主婦たちは洗濯物の請負などで出入りしたし、肉を買いに出たドイツ兵たちは店でハムやマヨネーズの作り方などを教えた。母国で様々な職業技術を習得した捕虜も多く、その中にソーセージ職人も数名いた。

伝説も伝わり、聖なる水源の地として知られている金蔵寺(滝不動)。

習志野発の美味しいソーセージを振る舞う習志野ドイツフェア&グルメフェスタ。

大正6(1917)年、栄養価のあるソーセージに注目した農商務省は、習志野収容所でドイツ兵がソーセージを製造しているのを知り、収容所を訪問した。そこでカール・ヤーンら5名のソーセージ職人は、千葉市に新設された農商務省畜産試験場の飯田技師の求めに応じてソーセージ作りの秘伝を公開。この技術は農商務省の講習会を通じて、日本全国の食肉加工業者に伝わっていった。こうして習志野は「ソーセージ製造発祥の地」として知られるようになった。

その後、解放された捕虜の中には日本に留まってドイツの食文化普及に貢献した人もいる。また習志野市とドイツの交流も深まり、ソーセージだけでなく、ワインやビールもグルメフェアなどで人気を得ている。

滝不動

所 船橋市南三咲3-23-1
開 昭和23(1948)年8月26日
乗 7635人

87-1

聖なる水源として知られる
金蔵寺(滝不動)

所在地 船橋市金杉6-25-1
アクセス 滝不動駅から徒歩10分

船橋市内唯一の川「海老川」の源流としても知られる行者滝（不動滝）。

境内および近在の樹齢200年近い大木を使って建立されたという金蔵寺観音堂。

春は、桜の名所として知られる金蔵寺の滝不動は、吉橋大師八十八ヶ所巡りの第58番目札所でもあり、正規の寺号を真言宗御滝山金蔵寺と言う。寺の縁起によると、創建は応永30（1423）年。現在の境内付近が夜も明るく輝き、付近の村人たちを恐れさせていたが、この地を通りかかった越後の僧能勝が21日間の護摩を修すると、ある夜、夢枕に慈覚大師（円仁）が現れ、地中に不動尊が埋まっていることを告げる。さっそく、村人の協力を得てその場所を掘ると、光を放つ小さな仏像が出てきた。そしてその掘った跡から清水が湧き出し、やがて滝になったという。これをきっかけに小堂を建て、像を奉祀したのが金蔵寺の始まりとされている。清水は聖なる水源として尊ばれ、干ばつにも涸れることなく、周辺の耕地を潤したという。以来この清水は湧き続け、船橋市内を流れる唯一の川である「海老川」の源流とも言われている。

三咲

みさき

所 船橋市三咲2-2-1
開 昭和24（1949）年1月8日
乗 1万3385人

赤い建物は園内のコミュニティセンター。オーデンセにある博物館がモデル。

ふなばしアンデルセン公園のシンボル的存在、メルヘンの丘にある風車。

88-1

19世紀のデンマークを再現した
ふなばしアンデルセン公園

所在地　船橋市金堀町525
アクセス　三咲駅からバスで「アンデルセン公園」下車

ふなばしアンデルセン公園は、昭和62（1987）年11月、船橋市の市制50周年を記念し、当初は単体の「ワンパク王国」として開園した。公立の公園としては珍しい友の会を持つなど、集客面の工夫を図ることで、開園1年目にして約33万人の入園者が詰め掛けたという。

平成元（1989）年4月、船橋市はデンマークのオーデンセ市と姉妹都市提携を結び、「ワンパク王国」に隣接して「子ども美術館」やオーデンセ市の出身である童話作家・ハンス・クリスチャン・アンデルセンの童話の世界を具現化した施設「アンデルセン公園」を計画。オーデンセ市の全面協力を得て、平成8（1996）年10月、19世紀のデンマークを再現した「ふなばしアンデルセン公園」を新装開園した。

園内は、もともとのワンパク王国に加え、1800年代のデンマークの田園風景を再現したメルヘンの丘、子ども美術館、里山の自然が体験できる広場や花の城など5つのゾーンで構成されている。

日本で初となる本場デンマーク認定の〝風車守り〟がいるデンマーク式

ふなばしアンデルセン公園内にある「太陽の池」。ボート遊びも楽しめる。

アンデルセンの歴史やデンマーク・オーデンセについて紹介されている童話館。

風車で小麦粉を挽いてパンを作ったり、「アンデルセン童話館」も開館して、初版本を含めて約1300冊の蔵書を揃えている。こうした公園運営が評価され、平成12（2000）年にオーデンセ市から「アンデルセン賞」が授与された。

そして平成27（2015）年8月には、「ふなばしアンデルセン公園」としての新装開園後900万人目の入園者が来園。いまや東京ディズニーランド、東京ディズニーシーに次ぐテーマパークとして高い人気を不動のものにしている。

鎌ヶ谷大仏

所 鎌ケ谷市鎌ケ谷1-8-1
開 昭和24（1949）年1月8日
乗 1万4460人

89-1

鎌ヶ谷宿の隆盛をうかがわせる文化財

鎌ヶ谷大仏

所在地 鎌ケ谷市鎌ケ谷1-5（大仏墓地内）
アクセス 鎌ヶ谷大仏駅から徒歩1分

駅前に、青銅の阿弥陀様で「日本一小さい」といわれる大仏様が鎮座する。案内板によると、この大仏は安永5（1776）年に鎌ヶ谷宿の地主

鎌ヶ谷大仏と道路を挟んで向かいあっている「鎌ヶ谷八幡神社」。

駅前に鎮座する鎌ヶ谷大仏。青銅製の阿弥陀様で、“日本一小さい大仏“だ。

福田文右衛門が、祖先の供養に、江戸神田の鋳物師に鋳造させたものという。高さ1・8メートルで、台座を含めても2・3メートルほど。「大仏」という名のわりにはこぢんまりした印象の坐像だ。

しかし、その柔和な表情が人々の心を和ませるのか、地元では親しまれている。古くから鎌ヶ谷宿一帯のシンボルで、地名や駅名、バス停の名前にも使用されている。東側の県道（木下街道）の交差点名も「鎌ヶ谷」だ。昭和47（1972）年には鎌ケ谷市の文化財に指定された。

開眼供養の日には、僧侶50余人が行列し、披露の席では江戸の高級料理屋で300人分の料理を用意したほか、皿に銀や小判などを盛って振る舞ったという。「つぼに白金、お平にゃ黄金、皿にゃ小判でとどめ刺す」という唄も残っており、その豪勢な様子は当時の鎌ケ谷宿の隆盛がうかがえる。

鎌ヶ谷市の観光農園では「梨狩り」のほかに「ぶどう狩り」も人気がある。

初夏の農園でたわわに実る「梨」。鎌ヶ谷市では江戸時代から栽培されている。

初富

所 鎌ケ谷市中央1-2-6
開 昭和24(1949)年10月7日
乗 5500人

90-1

梨やぶどう狩りが楽しめる観光農園

初夏を迎える時期になると、鎌ヶ谷大仏駅から初富駅へ向かう車窓からは、たわわに実った大きな梨が眺められる。周辺は、梨狩りだけでなく、ぶどう狩りも楽しめる観光農園が多いことで知られている。新京成電鉄も沿線PRの一環として、毎年8月上旬に「新京成で行く、ぶどう狩り・なし狩り」のイベントを開催している。これらの行事の中心を成すのは鎌ケ谷市観光農業組合だ。

鎌ケ谷市の梨生産産地としての歴史は古く、江戸時代の末から栽培が始められているという。豊潤な味覚が自慢というもぎたての梨は、市場出荷のほか、直売・宅配便などで消費者に届けられるが、中でも人気があるのが、組合に加入している果樹園が行ってい観光農園(現在27園)だ。季節になると県内外から人々がやってくる。もともと千葉県の梨は、産出額や栽培面積において全国第1位。鎌ヶ谷市における梨の収穫量と産

新京成電鉄の本拠地で、本社と車両基地がある「くぬぎ山」駅。

くぬぎ山の車庫には、リバイバル塗装の8000形電車の姿も見られる。

出額も常に県内で上位を占めている。

また、最近はぶどうの栽培も盛んで、ほとんどの観光農園が「梨とぶどう」の二本立てで集客している。農園にお弁当の持ち込みもＯＫで、バーベキューコンロのレンタルも可能な農園もある。家族連れでさまざまな味覚狩りが楽しめるのが魅力だ。開園期間は８月中旬～10月中旬。

☎０４７-４４５-１１４１（鎌ケ谷観光農業組合）

くぬぎ山

所 鎌ケ谷市くぬぎ山5-1-6
開 昭和30（1955）年4月21日
乗 7110人

91-1

本社と車両基地がある 新京成電鉄の本拠地

所在地 鎌ケ谷市くぬぎ山４丁目
アクセス くぬぎ山駅から徒歩５分

梨やぶどうなど果樹園が広がるくぬぎ山駅周辺は、新京成電鉄の本拠地でもある。駅前には、新京成電鉄の本社があり、南には、電車の安全運行のための点検作業などを行う車両基地がある。この基地で年１度、10月14日の鉄道の日などに合わせて行われる車両基地見学会は人気のイベ

利根川と江戸川を結ぶ運河として明治23年に開通した利根運河が流れる「運河水辺公園」。

くぬぎ山の新京成電鉄車両基地。新モデルの車両がズラリと並んでいる。

ントだ。当日は工場内を見学することができる。

見学会のイベントは、平成6（1994）年10月から開催されており、鉄道部品の即売、記念グッズなどの販売、電車の運転席での制帽着用での記念撮影、運転台シミュレーター体験、鉄道模型運転会など盛りだくさんの催しが用意されている。このほか、京成グループをはじめ、東葉高速鉄道、銚子電気鉄道、秩父鉄道なども記念グッズの販売も行うので、鉄道ファンには見逃せない日になっている。

東武野田線

運河

所 流山市東深井字赤土405
開 明治44（1911）年5月9日
乗 2万1718人

92-1

オランダ人技師の先進設計を採用
日本初の西洋式運河「利根運河」

所在地 流山市平和台1-1-1
アクセス 運河駅から徒歩3分

江戸初期に水害防止を目的に関東地方の川筋は河川工事で大きく変え

数多くの筏や和船などが行きかっていた利根運河。写真は汽船・銚子丸(大正4年)。

られた。当時、北から食料などを積んで来る船は、房総半島の銚子に入り、利根川を上って千葉県最北の関宿経由で江戸川を折り返し、江戸に荷物を運んでいた。このルートは水運の大動脈だったが、上流から流れて来た土砂が関宿にたまって船が通りにくくなるという状況に悩まされていた。明治に入るとますます物資の流通が増え、事態は深刻化する。

そこで利根川と江戸川をつなぐ人工的な水路の運河をつくろうという計画が持ち上がり、明治19(1886)年、東京・千葉・茨城の知事たちが運河の建設を政府に陳情。翌年利根運河株式会社が設立される。そしてオランダ人技師のムルデルが設計と現場監督を行い、明治23(1890)年に利根運河が完成した。

千葉県の柏市、流山市、野田市の三市を流れる利根運河は、利根川と江戸川を結ぶ全長8・5キロの大規模な運河で、「日本初の西洋式運河」として有名になった。オランダ人技師に依頼したのは、もともとオランダが川と三角州でできた国で、低い土地のため、長く洪水と戦ってきた歴史があり、運河の工事については優れた技術力を持っていたからだ。

実際、自然の地形を巧みに活かして造られた利根運河は、緩やかな美しい曲線を描いているのが特徴。利根運河自体は、時代とともに運輸手段の変化などによりその役割を終えたが、現在も当時の形態や線形を残したまま、美しい水辺の景観を保っている。

趣のあるレンガ造りの立派な建物は、昭和7年に建築されたキッコーマンのしょうゆ蔵。

キッコーマンの工場の中にある「もの知りしょうゆ館」は、醤油についていろいろ学べる。

野田市

所 野田市野田128
開 明治44（1911）年5月9日
乗 1万2111人

93-1

醤油づくりの工程が詳しく学べる キッコーマン「もの知りしょうゆ館」

所在地 野田市野田110（キッコーマン食品野田工場内）
アクセス 野田市駅より徒歩3分

エントランスに大きな「しぼりたて生しょうゆ」のボトルが鎮座している「キッコーマン もの知りしょうゆ館」。しょうゆの歴史や醸造工程などを、ガイドの説明付きで見学できる。見学はまずビデオ上映からスタート。その後、工場内部の製造工程を実際に見学する。もろみが熟成する様子やしょうゆの色・味・香りなど、しょうゆづくりの工程やおいしさのヒミツなどがいろいろ学べて楽しい。見学後には、来館記念のしょうゆがプレゼントされる。

館内には、平成20（2008）年に「まめカフェ」が開設され、しょうゆを使ったソフトクリームなどが食べられるほか、せんべい焼き体験などもできる。開館時間は9時から16時（最終受付は15時）、毎月第4月曜日が休館（祝日の場合は翌日）。

野田市郷土資料館には、市の歴史に関する展示物が充実。醤油関連の展示物もが多い。

昭和34年にオープンした資料館の外観は、正倉院の校倉造りをイメージして建てられた。

93-2

野田市の歴史がひと目で分かる
野田市郷土博物館

所在地 野田市野田370
アクセス 野田市駅から徒歩7分

昭和34（1959）年4月に開館した、野田市の歴史を主に紹介している博物館で、キッコーマンなど昔の醤油の歴史に関する史料が充実している。建物は、日本武道館や京都タワーを手がけた建築家・山田守氏が設計した。

1階には、野田貝塚、山崎貝塚、三ツ堀遺跡の土器や東深井古墳群の埴輪など野田市を中心とした東葛飾地方から出土した考古遺物が展示されている。また2階は、野田と醤油づくりに関連する展示物でまとめられている。

屋外には、旧花野井家住宅（重要文化財）が移築されているほか、史跡・山崎貝塚、中根八幡前遺跡（市指定文化財）もある。開館時間は9時から17時 火曜休館（祝日の場合は開館）

町内の醸造家たちの出資により「人車鉄道」を整備するトロッコ鉄道を生んだ野田醤油

野田醤油が誇る醤油醸造の歴史は古く、戦国時代に野田の飯田家が甲斐の武田氏に溜まり醤油を納めたという伝承が残っている。

江戸期になると、大消費地である江戸の醤油需要を一手に引き受けるようになるが、背景には、関東平野で醤油醸造に必要な大豆や小麦・塩などが豊富に穫れたこと、原料や製品運搬に適した江戸川や利根川の水路に恵まれたことなどがあった。この水上交通の利便を活かし、醤油の町・野田は大きく発展する。当初は工場から河岸までの輸送は馬に頼っていたが、明治 30（1897）年頃、輸送力を上げるため町内の醸造家たちの出資により「人車鉄道」を整備する動きが出てきた。

千葉県営軽便鉄道から現在の東武野田線へ

明治 33（1900）年 1 月、資本金 3 万円で「野田人車鉄道株式会社」が設立された。人車というと体裁はいいは、実体はトロッコに過ぎない。野田の醤油業者たちは、原料や製品の輸送をなんとか本格的な鉄道へと切り替えたかった。その願いが叶って、明治 44 年、野田～柏間の 14.3 キロを走る「千葉県営軽便鉄道」が開業する。県営といっても実質は、野田地域に集まる醤油業者が全額を出資した「醤油を運ぶための民営鉄道」だった。しかし、線路の幅を最初から国鉄と同じにしたので、柏駅で常磐線にスムーズに乗り入れることができた。その後、千葉県営軽便鉄道は社名を北総鉄道株式会社に変えて完全民営化。総武鉄道、東武鉄道と経営が移り、路線も拡張しながら、現在の東武野田線への発展につながっていく。

大正13年当時の千葉県営鉄道（成田～多古）の時刻表

成田・多古間（連帶線）

大正十三年十月二日改正　（千葉縣營鐵道線）　二、三等車ノミ　△印ハ連帶驛

多古行 1	3	5	7	9	11	驛名	哩程	運賃 二等	運賃 三等	成田行 2	4	6	8	10	12
						137,138									
…	8.04	11.00	2.05	4.47	7.40	發 ●成田 著	0.0	錢	錢	7.23	9.55	12.38	3.37	6.30	…
…	8.13	11.09	2.14	4.56	7.49	〃 成田裏 發	1.2	9	5	7.15	9.47	12.30	3.29	6.22	…
…	8.23	11.19	2.23	5.06	7.59	〃 △東成田 〃	2.1	14	8	7.08	9.40	12.23	3.22	6.15	…
…	8.41	11.37	2.41	5.24	8.17	〃 法華塚 〃	4.3	28	16	6.51	9.23	12.06	3.05	5.58	
6.30	9.03	11.59	3.03	5.46	8.44	〃 △●三里塚 〃	6.0	37	21	6.37	9.10	11.53	2.53	5.45	8.25
6.41	9.13	12.09	3.13	5.56	8.54	〃 △千代田 〃	7.6	48	27	6.17	8.49	11.32	2.26	5.24	8.14
6.59	9.31	12.27	3.31	6.14	9.12	〃 △五辻 〃	10.0	62	35	5.59	8.31	11.14	2.08	5.06	7.56
7.11	9.43	12.39	3.43	6.26	9.24	〃 △飯笹 〃	11.5	72	41	5.47	8.19	11.02	1.56	4.54	7.44
7.22	9.54	12.50	3.54	6.37	9.35	〃 △染井 〃	12.9	81	46	5.36	8.08	10.51	1.45	4.43	7.33
7.34	10.06	1.02	4.06	6.49	9.47	著 △多古 〃	14.6	91	52	5.23	7.55	10.38	1.32	4.30	7.20

四季折々の花が楽しめる清水公園。秋になると真っ赤なコキアの群生が見られる。

28万平方メートルもの敷地を有する清水公園は、市民の憩いの場となっている。

清水公園

所 野田市清水公園東1-32-2
開 昭和4（1929）年9月1日
乗 4835人

94-1

自然の地形を生かした歴史ある公園

清水公園

所在地 野田市清水906
アクセス 清水公園駅から徒歩10分

面積28万平方メートル（東京ドーム6個分）を有する民営の自然公園。歴史があり、明治27（1894）年、野田の醤油醸造業柏屋5代目の茂木柏衛氏の「地域密着、自然志向の公園」という熱い思いで開園した。江戸川や支流の座生川沿いの低地で下総台地の縁辺が複雑に入り組む場所に立地しているため、園内は緑が多く、起伏が多いのが特徴だ。樹齢300年を超えるヤエキリシマの古木が自然樹形のままで残されているほか、関東ではここでしか見ることのできないといわれている希少なヤマツツジのアズマカノコを観察することができる。

「日本さくら名所100選」にも選ばれた桜の名所でもある。ソメイヨシノを中心に約50種類2000本の桜が植栽され、桜は、園内のみならず清水公園駅から公園まで続く道や公園の外周にも植栽されており、開

関宿城博物館は天守閣を模した外観が特徴。関宿城を忠実に再現している。

子どもたちに大人気のフィールドアスレチック。清水公園では体を使った遊びが楽しめる。

花期には桜まつりが開催され、花見客でにぎわう。また、関東有数のツツジの名所としても知られ、7万平方メートルの敷地に100品種2万株のツツジが植栽されている。秋には約800本のイロハモミジを始めとした落葉樹が一斉に色づき、四季を通じて美しい景観を堪能することができる。

このほか、フィールとアスレチック、キャンプ場やバーベキュー場、ポニー牧場、アクアベンチャー、花ファンタジアなど、地形や森林を生かした施設が充実。子どもから大人まで、年間を通じてアウトドア・レジャーが楽しめる。

川間

所 野田市尾崎832
開 昭和5（1930）年10月1日
乗 1万7028人

95-1

「ちば眺望100景」にも選定された 千葉県立関宿城博物館

所在地 野田市 関宿三軒家143-4
アクセス 川間駅からバスで「関宿城博物館」下車

平成7（1995）年11月に開館した県立関宿城博物館は、千葉県の

関宿城博物館の近くには関宿城の跡地がある。あわせて見学に行くのがおすすめだ。

関宿城博物館の開館では「河川とそれにかかわる産業」をテーマとして展示している。

最北端は利根川と江戸川の分流点のスーパー堤防上にある。もともとこの博物館のある野田市関宿は、近世から近代にかけて利根川水運の中継地として栄え、高瀬船や通運丸が往来して賑わったところ。そこでこの博物館では、「河川とそれにかかわる産業」をテーマに、河川改修や水運の歴史を紹介しながら、利根川沿いに生きた人々の生活や歴史を分かりやすく展示・紹介している。

また、関宿城や関宿藩の歴史についても併せて展示・紹介している。徳川家康の異父弟松平康元を藩祖とする関宿藩には、幕府の要職にある譜代大名が代々配置されたので、別名「出世城」と言われていたという。

建物は平屋建てで、一部はかつての古い記録に基づき、関宿城の天守閣が再現されている。4階の展望室からの利根川や江戸川の流れと関東一円の山並みなどの眺望は平成18年「ちば眺望100景」に選定された。館内での展示には多くの模型や映像資料を用い、ビジュアル的に留意しており、ゲーム・コーナーもあるので家族連れで楽しめる。

小金城があった当時の畝掘などの遺構が残っている。戦国時代に思いをはせる人が多い。

小金城跡の保全のために作られた大谷口歴史公園の中に、史跡が点在している。

流鉄流山線

小金城趾

所 松戸市大金平
開 昭和28（1953）年12月24日
乗 827人

96-1

さまざまな遺構が残る
大谷口歴史公園

所在地 松戸市大谷口176
アクセス 小金城趾駅から徒歩10分

小金城は、天文6（1537）年、千葉氏の家老・原氏の重臣だった武将高城胤吉によって築かれた。城門は、東に大手門、北東に達磨口、北に金杉門、南に大谷口（大谷口）を設け、その規模は大がかりなものだった。また、地形が舌状台地で入り組んでおり、自然の谷を生かした空堀が複雑で、非常に堅固な平山城形式の城郭が築かれたという。完成時には、佐倉の千葉昌胤もやって来て、その素晴らしさに「開花城」と言った、という話が残されている。

高城氏は東葛飾地方一帯を支配し、この城は戦国時代末期まで高城氏の強固な本拠地だった。そして胤吉の子、高城胤辰の代には、永禄7

赤城神社では、氏子たちの手による大しめ縄が作られる行事が10月上旬に行われる。

赤城山神社は鎌倉時代に建立されたともいわれている、長い歴史を持つ神社だ。

（1564）年の国府台の合戦で活躍するなど、さらに繁栄していたが、天正18（1590）年、豊臣秀吉の小田原征伐の際、秀吉軍の浅野長政に城を囲まれたが戦わずして開城したと伝えられている。その後、秀吉の命で国替えとなった徳川家康が、「江戸に近いところには城を置かせぬ」という方針だったため、文禄元（1592）年に廃城となる。現在は、その一部が大谷口歴史公園となり、虎口門・土塁・障子堀・畝堀などさまざまな遺構が残されている。

平和台

所 流山市流山4-483
開 昭和8（1933）年4月1日
乗 1235人

97-1

地名「流山」の由来となった地

赤城山神社

所在地 流山市流山6-649
アクセス 平和台駅から徒歩10分

赤城山は、海抜15メートルのお椀を伏せたような小山で、山頂に赤城神社が祀られている。赤城神社の石碑には、「上州（群馬県）の赤城山が噴火し、土塊がここに流れ着いた」と記されており、〝山が流れてきた〟

流山に繁栄をもたらした「白みりん」。写真はかつてのみりん樽詰め作業風景。

流山市中心部とJR常磐線の馬橋駅を結ぶ流鉄流山線。走行距離は5.7キロメートル。

から流山という地名がついたという。また、「上州の赤城山のお札が流れ着いたから」という言い伝えもあり、いずれにしても赤城山は、流山の地名由来となる伝説が残る地で、「流山地名発祥伝説がある神社」の標識が立つ。

赤城神社は江戸時代に「正一位」という神格を受けた、位の高い神社。神社の鳥居にある大しめ縄は、長さ約10メートル、太さ約１・５メートル、重さは約５００キログラムもある。氏子や地元住民によって作られて奉納、山門にとりつけられ、次の年まで掲げられる。毎年10月の第３土曜、日曜日の祭礼に先立って行われる「大しめ縄行事」は、流山市指定無形民俗文化財となっている。

98-1

流山

所 流山市流山1・264
開 大正5（1916）年3月14日
乗 １４２０人

江戸時代から「東名物」と人気
流山市は「白みりん」発祥の地

江戸中期、流山市は「下総国東葛飾郡流山」と呼ばれ、江戸川水運の河

凝縮された旨みと風味が評判となり、白みりんは東名物として全国に広まった。

白味淋のこも樽。樽を保護するための「こも」を巻き付けたものを「こも樽」と呼ぶ。

港として栄えた町だった。江戸での消費を見込んで酒造業が盛んだったが、当時、流山で酒造業を営んでいた秋元家や堀切家は、みりんの醸造も開始。いずれも成功して、ほぼ同時期の文化11（1814）年、秋元家が「天晴味淋」、堀切家が「万上味淋」という商標の白みりんを販売した。それまでみりんと言えば、関西で作られる色の濃い赤みりんが主流だったが、きれいに澄んだ白みりんの登場は、江戸市中で人気を集め、「東名物」として全国に広まった。

　赤みりんは蒸し米と米麹でつくられるため、どうしても雑菌が繁殖して褐色になるが、流山で醸造される白みりんは焼酎で殺菌することで、仕上げをきれいな澄んだ色にすることが可能だったのだ。

　流山の白みりんは、流山近辺で生産されていた名産のもち米とうるち米を使用するなど、良質の原料を選び抜き、ゆっくりと手間を掛けて熟成される。甘味、旨み、風味が凝縮されて濃厚、上品な味わいだった。このため、甘い飲み物として、お酒の苦手な人や江戸の女性たちの人気となり、江戸川の水運を利用して江戸へと運ばれ、流山に繁栄をもたらした。天保年間になると醸造家も増え、流山の白みりんは関東一円だけなく、全国的にその名を轟かせるまでになった。当初は飲み物として愛用された白みりんも、やがてそばつゆなどの味付けにも用いられ、明治の後半頃からは様々な料理に用いられ、現在に至っている。

以前は酒造家だった陣屋跡。現在は酒類問屋となり、建物前に説明看板が立てられている。

近藤勇が率いる新選組最後の陣営地は流山だった。石碑には詳細が記されている。

98-2

新撰組ゆかりの地

近藤勇陣屋跡

所在地 流山市流山2-108

アクセス 流山駅から徒歩5分

幕末、幕府軍とともに戦った新選組は、慶応4(1868)年4月1日夜、総勢200余名で流山へ移動した。局長の近藤勇が流山を選んだのは、最終目的地の会津へ向かう途中のことで、官軍が手薄な場所だと判断した、という説が有力だ。この地で分散した同志を集め、新部隊を編成するために陣を敷いたのではないか、と考えられている。

流山では、醸造家長岡屋を本陣として、光明院、流山寺などに分宿していたが、2日後に情報を得た官軍に包囲されてしまう。近藤勇は、流山の町が兵火に巻き込まれることを危惧し、大久保大和と名乗り出頭。幕府公認の治安隊であると主張したが、板橋へ連行された。その後、新選組の近藤勇であることが露見し、板橋で処刑された。近藤勇にとって流山は、盟友の土方歳三と永遠の別離を迎えた場所となった。

現在、醸造家長岡屋は酒類問屋になっており、観光協会により「新撰組ゆかりの地」として説明の看板、石碑が建てられている。そして週末や祝日には、流山で観光案内などを中心に活動している北総新選組の女性

「しょうゆ味わい体験館」では、ヤマサ醤油の歴史を知ることもできる。

醤油の製造工程がわかる「ヤマサ醤油本社銚子工場」。

メンバーが新撰組のコスチュームで演武を披露する。毎年、4月の第二日曜日には「流山新撰組まつり・勇忌」も行われている

銚子電鉄
仲ノ町

所 銚子市新生町2-297
開 大正2（1913）年12月28日
乗 33人

99-1

無料で工場見学（要予約）ができる
ヤマサ醤油本社 銚子工場

所在地 銚子市北小川町2570 ☎0479-22-9809
アクセス 仲ノ町駅より徒歩3分（銚子駅から徒歩7分）

駅の南側に隣接しているヤマサの第一工場は、東京ドームの約4倍の広さがあり、事前に申し込めば無料で工場見学ができる。

見学は、まず基本情報の映画を見てから、ガイドの解説を受けながら各工程を見学する。見学終了後には全員に卓上しょうゆがプレゼントされるので、観光客の人気を集めている。また、平成28（2016）年にオープンした「しょうゆ味わい体験館」ではせんべい焼きを体験、珍しいしょう

銚子から外川を結ぶ銚子電鉄。犬吠駅は、終点外川駅の一つ手前の駅。

工場の隣に村人を津波から救ったヤマサ醤油第7代当主濱口梧陵紀徳碑が建つ。

ゆソフトクリームやしょうゆロールケーキなども味うことができる。場内には昭和39（1964）年までヤマサ醤油の専用線で使われた日本に現存する最古のディーゼル機関車「山ざくら号」（ヤマサ1号内燃機関車、オットー式・大正15年ドイツ製）が、産業遺産として保存されている。また工場の一角にあるレンガ蔵は、大正4（1915）年から大正12（1923）年にかけて、仕込蔵の増設時に造られたもので、歴史的に貴重な建物として大切にされている。

工場見学は9時〜11時、13時〜15時。しょうゆ味わい体験館は9時〜16時、年末年始休み、入場無料。

犬吠

所 銚子市犬吠埼9595-1
開 昭和10（1935）年8月14日
乗 118人

100-1

平地で一番早く初日の出が見られる！ 冬だけは日の出が早い「犬吠埼」

銚子半島の最東端に位置する犬吠埼は、太平洋に突き出た岬で、先端にはシンボルとなる犬吠埼灯台がそそり立っている。三方が海で、断崖

日本列島の平地の中で、もっとも早く初日の出が見られる犬吠埼灯台。

銚子半島の最東端から海を照らす犬吠埼灯台。美しい白い建物はひと際目立っている。

下にある岩礁で波が砕ける様は見応えがある。付近一帯は水郷筑波国定公園に含まれる景勝地。風光明媚な海岸線にはかつて多く文人たちが訪れ、歌碑や詩碑も多い。

現在も観光地として知られるが、もう一つ犬吠埼を有名にしているのは、山岳地域や離島を除き、日本で最も早く初日の出が見られる地であることだ。平地なら、本土最東端の納沙布岬（北海道根室市）のほうが先に初日の出を拝めそうに思えるが、実は犬吠埼のほうが先だ。理由は、地球を南北に貫く地軸が23・4度に傾いていることに関係している。地軸が傾いていることで太陽光線の当たり方が季節によって変わるので、日の出の時刻も夏と冬とでは異なる。夏至の前後は北東に方向に行くほど日の出は早くなり、冬至の前後は南東の方向に行くほど日の出の時刻は早くなる。つまり、元旦の初日の出は、納沙布岬よりも南にある銚子のほうが早くなるのだ。

国立天文台によると、日本で早く初日の出を見られる地点は、一番が日本最東端・南鳥島の5時27分、人が住んでいる場所での一番は、小笠原母島の6時20分、日本列島での一番は富士山山頂の6時42分、同平地で一番は千葉県犬吠埼の6時46分、そして本土最東端の納沙布岬は6時49分、本州最北端のとどヶ崎が6時52分となっている。これは毎年ほとんど変わらないという。

源俊頼は平安時代後期の歌人。金葉和歌集の撰者であったといわれている。

大杉神社は創建年不明の小さな神社。総本宮は茨城県稲敷市にある大杉神社だという。

外川

とかわ

所 銚子市外川町2-10636
開 大正12(1923)年7月5日
乗 115人

銚子電鉄

101-1

大杉神社

銚子漁業発祥地外川港の開祖を祀る

所在地 銚子市外川町1丁目
アクセス 外川駅から徒歩5分

銚子の港と言えば銚子港だが、かつては水深が浅く、潮の流れが急で、海難の多い場所だったという。現在のように銚子港が整備されたのは昭和の初期のことで、それまでこの地域の漁業の中心は外川港であった。

江戸時代、外川港は九十九里沿岸でも屈指のイワシの水揚げ基地として栄え、「外川千軒大繁昌」と唄われた漁業の町だった。これを支えていたのは、紀州の出稼ぎ漁民たちで、彼らは漁期が終わるとさっさと故郷の紀州に帰ってしまった。これを見て「せっかく銚子の近海は魚の宝庫なのに何とも惜しい、もっと腰を落ち着けて専念すればいいのではないか」と考えたのが、紀州出身の網元、﨑山次郎右衛門だった。そこで彼は私財を投げ出して独力で外川港の築港に取り組む。しかし、外房は荒海。完成にこぎつけたのは、6年後の寛文3(1663)年のことだった。

銚電の経営難を救った「ぬれ煎餅」

焼きたての煎餅を熱いうちに醤油に漬けることで、しっとりとした食感が味わえる「ぬれ煎餅」。銚子市内の米菓店が考案したものだが、慢性的な経営難に悩んでいた銚子電鉄は、この技術を市内の業者から学び、平成7（1995）年、「銚電のぬれ煎餅」として販売して経営を建て直すことが出来たという。「銚電オンライン・ショップ」で広く宣伝したのがヒットした理由で、現在も銚電の駅売店などで人気の土産品として並んでいる。

これがきっかけとなり、出稼ぎ漁民らも次々と定住するようになり、その後の隆盛を招くことになった。近年はイワシの不漁で外川漁港はさびれてしまったが、当時の古い街並みは残され、独特の観光スポットになっている。そして、外川駅から南に300メートル、外川漁港の近くに大杉神社があるが、境内には「銚子漁業発祥外川港 開祖 﨑山治郎右衛門碑」と刻まれた石碑が建っている。

窓ガラスのない展望車の景色は格別。様々な花が咲き乱れる春がおすすめの季節だ。

古き時代を感じさせる小湊鐵道のレトロな列車。鉄道マニアならずとも気持ちが踊る。

小湊鐵道

上総牛久

所 市原市牛久897-2
開 大正14（1925）年3月7日
乗 573人

102-1

上総牛久駅〜養老渓谷駅間で運行
里山トロッコ列車

小湊鐵道は、里山の四季を肌で感じることができるトロッコ列車を上総牛久駅〜養老渓谷駅間で運行している。客車を牽引する機関車は、小湊鐵道で実際に走っていたものを復元したもので、動力はクリーンディーゼルエンジンを搭載。客車は4両編成で、うち2両は窓を取り去り、里山の風を肌で感じることができるようになっている。車窓からは、人々の暮らしの中にある田畑やクヌギやナラの広葉樹の森、養老川の流れ、季節ごとに咲く花々を楽しむことができる。乗車は予約定員制(自由席)で、窓あり車両、窓なし車両ともに、乗車券の他に乗車整理券（500円）を購入する必要がある。乗車券は上総牛久駅〜養老渓谷駅＝片道760円、里見駅〜養老渓谷駅＝片道410円。乗車に必要な整理券は

1か月前から申込み可能だ。

上総鶴舞

所 市原市池和田898-2
開 大正14（1925）年3月7日
乗 20人

趣のあるレトロな上総鶴舞駅。雑誌やテレビドラマの撮影によくつかわれている。

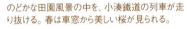

のどかな田園風景の中を、小湊鐵道の列車が走り抜ける。春は車窓から美しい桜が見られる。

103-1

「千葉県桜の名所20選」の一つ

鶴舞公園

所在地 市原市鶴舞243
アクセス 上総鶴舞駅から徒歩20分

千葉県立笠森鶴舞自然公園のエリア内にある公園。園内には、ソメイヨシノなど1000本の桜が植栽され、「千葉県桜の名所20選」にも選ばれた市原市を代表する桜の名所だ。開花に合わせて「鶴舞花まつり」が開催され、各種の演芸会などが行われる。夜にはライトアップされ、夜桜見物も人気がある。

毎年3月下旬から4月上旬のシーズンは、園内がピング一色に染まり、公園頂上の四阿（あずまや）まで登ると、その素晴らしい眺望が堪能できる。

象以外にもキリンやらくだ、アルパカなども飼育されている。餌やり体験も可能。市原ぞうの国では、園内で生まれた象のかわいらしい赤ちゃんに会うこともできる。

市原ぞうの国で、たくさんの象が出演する「ぞうさんショー」は迫力満点!

小湊鐵道

高滝

所 市原市高滝737-2
開 大正14（1925）年3月7日
乗 24人

104-1

市原ぞうの国

ゾウの数は国内最多の12頭

所在地 市原市山小川937
アクセス 高滝駅から無料送迎バス

緑に囲まれた大きな人造湖・高滝湖近くに位置する、12頭のゾウが主役の体験型動物園。目玉となるのは、芸達者なゾウたちのショー。サッカーをしたり、ダンスを披露したり、楽器を演奏したりと、迫力満点の演技を見せてくれる。ショーが終わった後には、背中に乗って広場を一周したり、鼻にぶら下げてもらって記念撮影などもＯＫ。

ゾウだけでなく、カバ、カピバラ、ラクダ、レッサーパンダなど、約100種以上の動物や鳥類も飼育されており、直接エサをあげられるなどふれあいも楽しめる。分園として「Sayuri World」もある。

高滝湖はダム建設によってできた人造湖。釣りやボート遊びなどのレジャーが楽しめる。

ダムのすぐ横に高滝ダム記念館がある。湖周辺にレストランや水生植物園などなどが点在。

104-2

県内最大の貯水面積を誇る
高滝湖

所在地▶市原市高滝
アクセス▶高滝駅から徒歩10分

平成2（1990）年3月に竣工した人造湖で、県下一の貯水面積を誇っている。釣り用の貸ボートやサイクルボート、手こぎボートなども用意されており、のんびりとボート遊びも楽しむことができる（有料）。釣りのスポットとしても知られており、ブラックバス・コイ・ヘラブナ・ワカサギなどの釣りを目的に、休日には多くの釣り客で賑わう。湖の周りにはサイクリングコースや公園が整備されている。また、近くに高滝神社や市原湖畔美術館などもある。

川沿いに歩いて行くと「地球磁場（N極・S極）逆転期の地層」という表示がある。

約77万年前の地層が目の前にそびえ立つチバニアン。早くも地層マニアが押しかけている。

月崎

乗 開 所
市原市月崎539
大正15（1926）年9月1日
12人

105-1

話題の地層が観察できる場所
養老川沿いの「チバニアン（千葉の時代）」

所在地 市原市田淵1898
アクセス 月崎駅より徒歩約40分

地球の誕生は約46億年前と言われる。これを証明してくれるのが「地層」だ。地層には古代からの岩や土などが堆積しており、また地殻変動など環境変化の記録も眠っている。これらを読み解いて、時代を理解・解釈するのが「地質年代」の分野だが、なんとこれに「千葉」の名前が登場するかもしれない。それが今、話題の「チバニアン」。ラテン語で「千葉の時代」を意味する。

きっかけは、地元の研究者たちが約40年間研究を進め、「市原市田淵にある地層は、今から約77万年前の地球磁場のN極とS極が逆転していた時期の地層である」と発見したからだ。

そして平成29（2017）年6月、「国際地質科学連合」の下部組織に〝チバニアン〟として申請した結果、同年11月に「地球の磁極が逆転し

開運スポットとして人気を集める養老渓谷の出世観音。源頼朝公が祈願したと伝わる。

歴史を変える「チバニアン」（千葉の時代）。正式決定を関係者たちは心待ちにしている。

た痕跡が確認できる」と評価され、競合したイタリアの地層を1次審査で退けた。上位組織での審査がまだ残っており、正式決定まではまだ時間がかかるが、地元ではこの快挙に早くも盛り上がっている。

養老川沿いの現地は、「千葉セクション」としてすでに公開されており、市原市によって、滑らないよう（地面が粘土質）急きょ手すりなども造られているが、長靴持参のほうが無難。話題になった当初は1日数百人の見物客が訪れたこともあって、市は無料のシャトルバスを運行していたが、現在は月崎駅からハイキングがてら歩くか、入口付近（田淵会館）までタクシーで行くしかない。

養老渓谷

所 市原市朝生原177
開 昭和3（1928）年5月16日
乗 116人

106-1

各種の滝や自然奇観、文化遺産も
養老渓谷

所在地 市原市朝生原〜大多喜町粟又
アクセス 養老渓谷駅からバス

大多喜町から市原市を流れる養老川上流にある養老渓谷は、変化に富

出世観音に行く途中で渡る朱塗りの橋。養老渓谷のシンボルとなっている。

傾斜がついた岩の上を、緩やかに水が流れる養老渓谷粟又の滝。風情のある風景だ。

むハイキングが楽しめる場所としても知られ、春はツツジやフジが咲き、秋になれば、モミジ、カエデ、ウルシ、ハゼ、ナラ、クヌギなどの雑木の紅葉が美しい。とくに、梅ヶ瀬、筒森もみじ谷、中瀬遊歩道などが見どころスポット。また、滝めぐりとして人気なのが、巨大名岩盤の上を滑るように水が流れる粟又の滝(別名養老の滝)、ゴツゴツした岩盤の上を幾筋にも分かれて流れ落ちる万代の滝、流れ落ちる様子が龍が天に昇る姿に見える昇龍滝、幻の滝と呼ばれる小沢又の滝などを見て回る散策コース。立ち寄りスポットも豊富で、2つの太鼓橋が連なる観音橋、源頼朝ゆかりの出世観音(養老山立國寺)、約160年前に農地開墾として造られた弘文洞跡などがある。

また、最近クローズアップされているのが養老渓谷の2階建てトンネルだ。もともと普通のトンネルであったが、アクセス上の問題で、「トンネルの出口はもっと下にあったほうがいい」という理由で、昭和45(1970)年に新たにトンネル工事が施され、下側の出口ができた。そしてこの時、上にあった出口もそのままにしたので、2階建てのトンネルという不思議な構造になってしまったという。緑色がかったトンネル空間は幻想的な雰囲気。これは天窓のように空いた上の出口から差し込む自然の光源によるもの。なお全長115メートルのトンネルは、東側が向山トンネル、西側が共栄トンネルと呼び分けられている。

「い鉄揚げ」のパッケージにはいすみ鉄道の写真付き。おみやげにぴったりだ。

いすみ鉄道大原駅は上り列車の終点駅で、JR外房線との接続駅となっている。

いすみ鉄道

大原

所 いすみ市大原8701
開 明治32（1899）年12月13日
乗 1598人

107-1

しっとり、さっくり不思議なせんべい

い鉄揚げ

もともとはJR木原線だったいすみ電鉄は、平成21（2009）年から採用したムーミン列車が人気を呼び、また、国鉄時代のディーゼルカーのキハ52やキハ28なども走らせて、鉄道ファンの心をがっちり掴んだ。JR外房線の大原駅から乗り換える観光客も心なしかいそいそしている。そして車両に乗り込む前に売店で買うのが、いすみ鉄道オリジナルの揚げたぬれ煎餅「い鐵揚げ」だ。袋には、いすみ鉄道を走るキハ52-125の写真がデザインされている。

銚子電鉄の「ぬれせんべい」に対抗した商品だが、いすみ鉄道を象徴する「菜の花」をかたどった揚げせんべいは、醤油ベースでほんのり甘い味付け。1袋360円だが、3袋まとめ買いだと1000円。インターネッ

近くに医療機関があるため、無人駅でありながらも乗降者数が比較的多い風そよぐ谷国吉駅。

味わいのある外観が特徴的な国鉄時代（昭和57年）の国吉駅。

トでも買うことができる。しょうゆ味のほかに、チーズ・カレー・ソース・ガーリック味など味のバリエーションも工夫している。お土産としてもリーズナブルで喜ばれている。

風そよぐ谷国吉

所 いすみ市苅谷537-2
開 昭和5（1930）年4月1日
乗 143人

108-1

オリジナルグッズもある ムーミンショップ

所在地 いすみ市苅谷537-2
アクセス 風そよぐ谷国吉駅構内

いすみ鉄道がムーミン列車の運転を開始したのに伴い、風そよぐ谷国吉駅構内に、日本で初めてという駅中ムーミンショップ「VALLEY WINDS」をオープンさせた。ムーミンのキャラクターに親しみを持つ世代は幅広く、700種類もあるというムーミン関連の商品を目当てにゴールデンウィークや夏休みは家族連れで大賑わい。キーホルダーなど、いすみ鉄道とムーミンキャラクターのコラボ商品もマニアにはうれしいここだけのオリジナルグッズ。メルヘンいっぱいのファンシーショップだ。

大多喜城を望むいすみ鉄道。春は桜の花が城の周りに咲き誇って美しい。

大多喜駅はいすみ鉄道唯一の有人駅。駅舎の中にいすみ鉄道の本社がある。

デンタルサポート大多喜

所 夷隅郡大多喜町大多喜264
開 昭和5（1930）年4月1日
乗 252人

109-1

天守閣づくりの歴史博物館

大多喜城（県立中央博物館大多喜分館）

所在地 夷隅郡大多喜町大多喜481
アクセス デンタルサポート大多喜駅から徒歩15分

千葉県指定史跡の上総大多喜城本丸跡に昭和50（1975）年に建築された天守閣造り（3層4階の鉄筋コンクリート造）の歴史博物館。「房総の城と城下町」をテーマにした城郭や武士に関する資料の展示のほか、城下町の人々の暮らしぶりを知る商工業用具や調度品、大多喜城と城下町の模型の展示に合わせ、周辺文化財を写真パネルで紹介している。また、古文書講座などの開催や甲冑の試着体験を行うなど、「見る・聴く・触れる」を体感できる博物館だ。開館は9時～16時30分（入館は16時まで）、月曜休館（祝日の場合は翌日）大人200円

ガス井戸から掘削された水溶性の天然ガスは、大多喜町の家庭で使われている。

「上原」バス停前に「天然瓦斯井戸発祥の地」の石碑と説明板が建っている。

109-2

大多喜町は「天然ガス井戸発祥の地」

長い歴史が育んだ大地からの贈り物

明治24（1891）年、醤油醸造家が発見し、その後、次々にガス井戸が掘削される。

いすみ鉄道・大多喜駅から県道231号を南に800メートルほど行くと、「上原」バス停前に、「天然瓦斯井戸発祥之地」と刻まれた石碑と説明板が並んで建っている。碑文によると、この地に天然ガスが発見されたのは明治24年で、当時醤油醸造を営んでいた山崎屋太田卯八郎氏が屋敷内で水井戸を掘ったところ、図らずも天然ガスが噴き出した、とある。これが日本初の水溶性天然ガスの井戸であった。そのあらましは「天下無比天然水素瓦斯」と銅版に刻まれ、現在へと伝えられている。その後、大多喜町を中心に多数のガス井戸が次々と掘削され、千葉県を中心とした南関東一帯には日本最大の水溶性天然ガス田が広がっていることが分かった。

大多喜地方で民家が自家用にガス井戸を掘るようになったのは大正時代の初期で、昭和初期にはガス井戸の数が数十ヵ所あったという。天然ガスが企業化されたのは、昭和8（1933）年。大多喜天然ガス株式会

デンタルサポート大多喜駅ホームの本多忠勝像

天正 18（1590）年に北条氏が豊臣秀吉に滅ぼされ、徳川家康が江戸城に入ると、小田木（大多喜）城を家来の本多忠勝に与え、安房の里見氏の勢力を抑えようとした。その本多忠勝像が駅のホームに。発砲スチロール製だが、正式な入魂式も行った像は、受験や強運祈願に御利益があると話題になり、いすみ鉄道名物の願掛け像として知られている。

地中500 ～ 2000メートルの深さのガス層まで掘さくする「天然ガス井掘さくやぐら」。

社が設立され、周辺に都市ガスとして供給するようになった。同社は昭和32（1957）年に社名を関東天然瓦斯開発（株）と変更している。房総半島を中心とした南関東一帯に広がる南関東ガス田は、メタンガスが主成分で、水溶性天然ガスなので地下水に溶け込んだ状態で存在する。国内最大のガス田の下にあるガス埋蔵量は3700億立方メートル。現在の生産量で計算すると数百年分の埋蔵量になるとか。地域の人たちは末永く大地の恵みを享受できる。

郷土博物館の中には、実際に使われていた古民家も展示されている。

漁師町として栄えた浦安の歴史を展示している浦安市郷土博物館。

東京メトロ東西線

浦安

所 浦安市北栄1-13-1
開 昭和44（1969）年3月29日
乗 8万2018人

110-1

山本周五郎「青べか物語」の舞台

浦安市郷土博物館

所在地 浦安市猫実1-2-7
アクセス 浦安駅から徒歩20分、おさんぽバスで「郷土博物館」下車すぐ

浦安は、昭和44（1969）年3月に東西線が開通するまで本格的な公共交通機関がなく、陸の孤島と呼ばれた漁村だった。明治42（1909）年に町制が施行された時はわずか4・43平方キロの「千葉県で最も小さな町」だった。

作家・山本周五郎は、昭和の初めスケッチに出掛けた浦安の地が気に入り、その後、しばらく浦安で暮らした。そして昭和35（1960）年、浦安が舞台の「青べか物語」が世に出て人気を博す。物語には昭和初期の浦安で商魂たくましく毎日を生き抜く、素朴な庶民の日常が描かれている。当時の浦安は、境川の両岸に人家が密集し、川にはベカ舟がひしめ

昔ながらの対面販売で、その日入った新鮮な魚を買うことができるのが魅力だ。

個人でも気軽に買い物ができる浦安魚市場。朝4時から営業しているので朝食の買い物もできる。

くように浮かんでいた。べガ舟というのは一人乗りの平底舟で、主に貝や海苔採りに使われた。これらの舟は、夜明け前に数珠繋ぎになって沖に広がる広大な干潟へと出て行ったという。

現在は、すっかり様変わりした浦安だが、市内にある浦安郷土博物館に行くと、かつて漁師町として栄えた浦安の歴史が保存されている。平成13（2001）年に開館したこの博物館は、浦安の自然・歴史・文化にふれる体験型博物館。「青べか物語」でも有名なべガ舟の体験や製作が間近に見られる。昭和27（1952）年頃の浦安を野外に再現しているのも人気を呼んでいる。

110-2

一般の人も自由に入れる魚市場

浦安魚市場

所在地　浦安市北栄1-10-20
アクセス　浦安駅から徒歩3分

魚市場というと一般的に「卸売り」を行う場所と思われがちだが、浦安魚市場は業者への卸しも、個人への販売も行う総合魚市場だ。午前4時から営業しており、飲食業の仕入れだけでなく、一般の人も朝食はもちろん、夕飯の食材も購入することができる。魚1尾、切り身一切れでも

大正期の行徳塩田作作業風景。(写真は市立市川歴史博物館所蔵)

浦安魚市場の中にはグルメスポットもある。新鮮な魚を使った海鮮丼が食べられる。

OKで、毎月第1土日は恒例の大売り出しを実施、各店舗が目玉商品を競い合う。スーパーやショッピングセンターとはひと味違い、昔ながらの対面販売で、職人が目の前でさばいてくれるのが魅力だ。浦安が漁師町だった頃の懐かしい風景に出会え、浦安名物焼きハマグリや佃煮、江戸前のりのほか、新鮮で美味しい刺身の盛り合わせなどもお買い得価格で提供される。営業時間4時～12時、月曜定休

行徳

所 市川市行徳駅前2-4-1
開 昭和44（1969）年3月29日
乗 5万8256人

111-1

塩は軍用第一の品、領内一番の宝
徳川家康を喜ばせた「行徳塩」

海や川に面した行徳は、古くから水運の要として栄え、歴史と文化を育んできた街。近年になって埋め立てられた一帯は、その昔、内湾沿いに大塩田が広がっていたところだ。江戸時代は旧本行徳村で、幕府の直轄領だった。家康は江戸に幕府を開くと、真っ先にこの行徳塩田に着目。塩焼き百姓に下賜金を与えて塩田を保護した。塩焼きというのは、海岸

多くの寺が集まる妙典の寺町。妙頂寺は日蓮存命中に創建された日蓮宗の古刹だ。

「行徳汐浜の図」として絵にもなっている行徳の塩田風景。塩田の最盛期だ。

の干潟に堤を設け、満潮時にその中へ潮水を導き入れ、日光で干した塩をさらに塩釜で焼く、という当時の製塩法だ。

製塩された行徳塩は、行徳河岸から江戸へ運び出されて行った。江戸名所図会には「行徳汐浜の図」としてこの地の塩田最盛期が描かれている。塩田は大正時代頃まで見られたそうだが、次第に衰退してしまう。その後、塩田跡は埋め立てられて工場や住宅街に様変わりしたが、今も本塩や塩焼など、塩田に由来する地名が残っている。また行徳塩の歴史などについては、市川歴史博物館（市川市堀之内2-27-1 北総線国分駅から徒歩10分）で展示されている。

妙典《みょうでん》

所 市川市富浜1-2-10
開 平成12（2000）年1月22日
乗 5万1537人

日蓮ゆかりの寺町情緒が味わえる街

112-1

行徳寺町通り

所在地 市川市本行徳周辺
アクセス 妙典駅から徒歩5分

徳願寺の山門には、立派な葛飾八幡宮から移築された仁王像が建っている。

旧・江戸川沿いにある常夜灯。航路安泰を祈願して建てられた。現在は公園となっている。

「戸数1000軒、寺100軒」と言われた行徳の町は寺が多い。旧行徳街道沿いには古い家並みが残り、落ち着いた雰囲気を醸し出している。この街道を曲がった、かつての成田参詣道が「寺町通り」と呼ばれる道で、沿道には多くの寺院が軒を連ねる。中でも、徳川家の位牌が多く残る菩提寺「徳願寺」が有名だ。円山応挙の幽霊画や宮本武蔵ゆかりの寺としても知られている。地域には神仏具店も多いが、これは海辺で適度に湿度のある風土が漆塗りによかったからだと言われる。また、日光から江戸へ渡ってきた宮大工や仏師がこの地に住み着き、発展して行ったという説もある。

駅名の「妙典」とは変わった名だが、これは優れた教えを説いた教典、特に日蓮が唱えた「南無妙法蓮華教」に由来している。千葉県は日蓮にゆかりが深く、妙典地区一帯も日蓮宗のお寺が多い。毎年11月11日には、日蓮の命日供養として恒例の萬燈供養が行われる。萬燈式は妙好寺を出発し、妙典界隈を行列するというもの。軒先に提灯が並び、昼夜2回にわたって行列が街を行く様子は、寺町の風物詩になっている。また寺町で4月と5月に行われる三十三観音札所めぐりも恒例行事だ。

矢口の渡しを有名になったのは、小説『野菊の墓』の舞台となったため。記念碑も作られている。

現存する唯一の農民渡船である「矢切の渡し」。江戸時代初期から続いている。

北総鉄道

矢切

所 松戸市下矢切１２０
開 平成３（１９９１）年３月31日
乗 ７万７７７２人

113-1

江戸時代から受け継ぐ唯一の渡船場
「野菊の墓」の舞台、矢切の渡し

所在地 松戸市下矢切１２５７
アクセス 矢切駅から徒歩10分

ＪＲの松戸駅から南西５キロほどの江戸川下流にある「矢切の渡し」は、対岸の葛飾区柴又とを結ぶ渡船場である。川幅約１５０メートルの江戸川を、船頭さんによる漕ぎ舟で往来するのはのどかで風情があるが、現在は観光目的がほとんどだ。矢切の渡し舟は、江戸時代初期に幕府が地元民のために設けたのが始まりという。江戸川を挟んで両側に田を持つ農民も、この渡し船を使えば関所を通らず往来を許された。幕府は、利根川水系河川に15か所だけこのような渡し場を設けたが、残っているのは「矢切の渡し」だけだ。

部屋ごとにテーマを変え、理解しやすく作られた市川考古博物館。

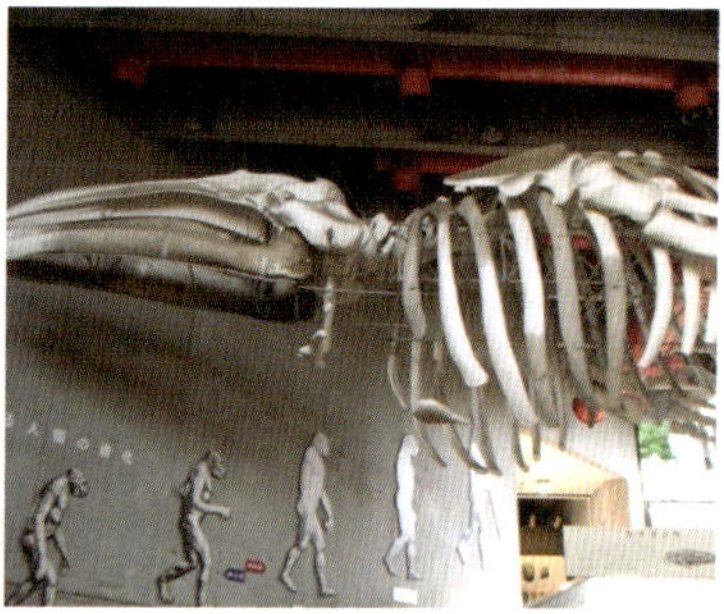
市川考古博物館の入り口では、この地域で出土したクジラの標本が展示されている。

矢切の渡しが有名になったのは、明治39（1906）年に伊藤左千夫が書いた純愛小説「野菊の墓」の舞台になったからだ。その後、歌謡曲でも歌われてヒットしている。下矢切には真言宗豊山派の八幡山西蓮寺があり、境内には「野菊の墓」を記念する文学碑が土屋文明の書によって刻まれている。

北国分

きたこくぶん

所 市川市堀之内3-21-1
開 平成3（1991）年3月31日
乗 8028人

114-1

市内から出土した遺跡を展示
市川考古博物館

所在地 市川市堀之内2-26-1
アクセス 北国分駅から徒歩10分

昭和47（1972）年に開館した市立市川考古博物館は、堀之内、雪谷貝塚、下総国分寺など、市内の遺跡から出土した原始・古代の文化財を中心に収集・展示している。市川の原始・古代の文化財を保護し、遺跡から出土した考古資料などから自然環境の変化を紹介する。さらに前室では「環境の変化」、第1室では「最初の住民」（先土器時代）、

都会のオアシス・矢切周辺は「日本の音風景 100 選」に選ばれる

矢切は、かつて北条氏と里見氏の国府台合戦の主戦場となった地域。隣接の市川市・里見公園には、国府台城土塁などの城郭遺構が現存。江戸時代に作られたという里見軍将士慰霊の供養塔もある。

しかし、現在の矢切周辺は、川面から聞こえるギー、ギーと舟を漕ぐ音や、1年中ピーピーと野鳥のさえずりが聞こえるなどのどかな場所だ。また対岸の帝釈天からの梵鐘の響きもまるで都会のオアシスを思わせる。これら恵まれた環境が評価され、平成8（1996）年に環境庁（現・環境省）はこの地域一帯を「日本の音風景 100 選」に選定した。江戸川堤にはその記念碑が建っている。

堀ノ内貝塚からは、貝殻以外にも土器や獣骨なども発掘されている。

市川考古博物館の敷地内にある堀ノ内貝塚。数千年前から人が住んでいたことがうかがえる。

第2室では「貝塚の形式」(縄文時代)、第3室では「農耕の開始」(弥生時代)、第4室では「古墳の出現」(古墳時代)、第5室では「律令の社会」(奈良・平安時代)とテーマごとに部屋を分けて、わかりやすく解説している。また1階の学習室では、遺跡から出土した貝殻・骨・土器・石器・瓦などにふれることもできる。

114-2

堀之内式土器で知られる

国指定史跡・堀之内貝塚

所在地 市川市堀之内2-26-1
アクセス 北国分駅から徒歩10分

堀之内貝塚は、千葉県の北部に広がる下総台地西南端にあり、縄文時代後期前半(約4000年前)から晩期(約2500年前)にかけて形成された遺跡とされている。貝層は東西に長く、長径225メートル、短径120メートルあり、北西部を屈曲部とした馬蹄形貝塚。出土品は多く、中でも土器は「堀之内式土器」と名付けられ、土器編年の上で縄文時代後期前半の標式土器になっている。

また、縄文時代晩期の出土品として、土偶破片、貝製腕輪など非実用的なものも見つかっている。貝層下からは縄文時代後期初めの住居跡が

市川市動植物園の広々とした敷地内をゆっくり散歩するだけでも楽しめる。

市川市動植物園では、レッサーパンダはじめ、たくさんの小動物を飼育している。

発見され、埋葬人骨も検出されている。発掘された貝類や魚・獣骨から、当時の人々はアサリ、ハマグリ、イボキサゴ、クロダイ、スズキ、イノシシ、ニホンジカなどを捕食していたと考えられる。魚介類に限っていえば浅海や干潟で比較的容易に捕獲できるものが多く、遺跡周辺の豊かな自然から恵みを得ていたと推測される。昭和39（1964）年に国指定史跡となり、その後、公園として環境整備された。考古博物館、歴史博物館に隣接している。

大町

所 市川市大町175
開 平成3（1991）年3月31日
乗 1662人

115-1

ふれあいがテーマの動物園が人気

市川市動植物園

所在地 市川市 大町284
アクセス 大町駅から徒歩20分、本八幡駅からバスで「動植物園」下車。

市川市の大町レクリエーションゾーンの一角にある市川市動植物園。昭和62（1987）年8月に開園された。園内には少年の家、自然観察園、バラ園、自然博物館、動物園、鑑賞植物園などが集まっている。

四季折々の花が咲く北総花の丘公園。家族連れで楽しめるスポットとなっている。

バーベキュー場やドッグランのある、大きな敷地を持つ北総花の丘公園。

動物園では、人気のオランウータンをはじめ、レッサーパンダやスマトラオランウータンなど57種類もの動物を見ることができる。また、「なかよし広場」では、ウサギ、モルモット、ニワトリ、ミニブタなどにに触れることができ、ポニーの乗馬（4歳～12歳が対象）が楽しめる。とくに人気なのがミニ鉄道だ。観葉植物園では、バラをはじめ、バナナやアバなど珍しい植物もある。9時30分～16時30分（入園は16時まで）、月曜休園（祝日の場合は翌日）。大人430円。

千葉ニュータウン中央

所 印西市中央南1-1390-1
開 昭和59（1984）年3月19日
乗 2万9738人

116-1

千葉ニュータウンの新名所

県立北総花の丘公園

所在地 印西市原山1-12-1
アクセス 千葉ニュータウン中央駅から徒歩20分

平成12（2000）年4月に開園した北総花の丘公園は、平成21（2009）年に拡張オープンし、千葉ニュータウン地区で最も大きな都市公園（総面積50ヘクタール）となった。園内は道路を隔てて5つのゾー

バラの品種改良でも有名な京成バラ園。国際的なバラコンクールで数々の賞をとっている。

バラの見ごろを迎えた京成バラ園。桂由美さんが寄贈した白いガゼボとバラのコントラストが美しい。

ンに分かれている。調整池の周辺にある「水の景ゾーン」と「緑の景ゾーン」は、開発前の自然の地形がそのままのこされており、谷間に設けられた自然生態園では水辺の動植物を観察することができる。

また、「都市の景ゾーン」には、温室をイメージした総ガラス張りの「花と緑の文化館」があり、緑の相談所・講習室・多目的室などが設置され、花と緑に関するさまざまな行事やイベントに使うことができる。このほか、広い芝生広場、野鳥観察舎、ドッグラン、バーベキュー場もあり、休日に家族連れで楽める、千葉ニュータウンの新名所となっている。

＊印旛日本医大は、成田アクセス線（281ページ）に掲載

東葉高速鉄道

八千代緑が丘

所 八千代市緑が丘1-1104-3
開 平成8（1996）年4月27日
乗 1万8139人

117-1

世界中のバラが咲き誇る 京成バラ園

所在地 八千代市大和田新田755
アクセス 八千代緑が丘駅から徒歩15分

京成バラ園の中核施設「ローズガーデン」の整形式庭園には、約7000本あるという色とりどりのバラが咲き誇り，芳香を漂わせている。

八千代市にある「京成バラ園」は、都心から1時間ほどのアクセスで行かれる県内屈指の「バラの名所」だ。約３万平方メートルという広大な敷地に、色とりどりのバラの花が埋め尽くす春と秋の花畑は圧巻。約１６００品種1万株という世界の最新品種から野生種のバラまで、多種多様の花々が美しさを競う。見ごろは、５月中旬～6月上旬と10月中旬～11月上旬にかけて。

園内のバラに囲まれて建つ、白い建物が目を引く。これはブライダルファッションデザイナー桂由美氏が寄贈したもので、「ガゼボ」（パビリオンの一種）と呼ばれている。隣接して「恋人の聖地」のプレートも設置されており、写真撮影のスポットになっている。

また、「ベルサイユのばら」の品種が誕生した時に記念して作られた『ベルばらのテラス』もある。カフェ・パティオで食べられる「バラのソフトクリーム」も人気を呼んでいる。毎年春には「ローズフェスティバル」が開催され、コンサートやトークショーなどのイベントが行われる。10時～17時（入園は16時30分まで）、無休。入園料は季節で変動（３００～１２００円）。

スポーツ設備が充実している八千代総合公園。アスレチックも設置されている。

13.1ヘクタールもの敷地を持つ八千代総合公園。豊かな自然を満喫しよう！

村上

所 八千代市村上南1-8-1
開 平成8（1996）年4月27日
乗 2740人

118-1

"八千代ふるさと50景"にも選ばれた 八千代総合運動公園

所在地 八千代市萱田町253ほか
アクセス 八千代中央駅から徒歩11分

八千代市の中央を流れる新川沿いにある八千代総合運動公園は、新川の自然と萱田の緑豊かな自然の中に造られており、面積13・1ヘクタール、南北に1キロもある八千代市最大の公園だ。その名の通り、園内には、市民体育館やテニスコート、野球場などの運動施設が充実している。

体育館のメインは、バレーボールコートが3面とれ、1480席の観客席を備えた主体育室。このほか、卓球台の置かれた小体育室、アスレチック機器を備えたトレーニングルーム、154畳の柔道場や剣道場、弓道場もあり、八千代市の多目的なスポーツ施設として多くの市民に利用されている。テニスコートは、ハードコートが8面、人工芝コートが2面の計10面。野球場は2600人収容、ホームからバックスクリーンまで120メートルの距離があり、高校野球の予選なども行われる八千

航空科学博物館の庭に展示されているYS-11。1960年に製造された旅客機。

飛行機マニアならずとも楽しめる航空科学博物館。近くで見ると飛行機は迫力がある。

代市のメインスタジアムだ。
また、この運動公園は桜をたくさん植えた広場があり、桜の名所でもある。毎年、桜の季節には、たくさんの人でにぎわっている。新川大橋の下には、八千代ふるさと50景に選ばれている「あじさいの道」もある。梅雨時には、色とりどりのあじさいが人々の目をなごませている。

芝山鉄道

芝山千代田

所 山武郡芝山町香山新田字橋松
開 平成14（2002）年10月27日
乗 1513人

119-1

飛行機好きにうれしい施設

航空科学博物館

所在地 山武郡芝山町岩山111-3
アクセス 芝山千代田駅から徒歩30分（自転車の無料貸し出しサービスあり）、成田駅または京成成田駅からバスで「航空科学館」下車

芝山鉄道は成田空港の敷地のすぐ横を走っている。車窓からはたくさんの航空機が見える。

航空科学博物館に展示されているボーイング747。コックピットに座ることができる。

成田国際空港近くにある、日本で最初の航空専門の国立博物館。館内は、1階と2階が航空機などの展示室になっている。YS-11試作1号機、アンリ・ファルマン複葉機の実物大レプリカ、DC-8のフライトシミュレーター、ボーイング747の客室の実物大モックアップ・実機の機種部分、成田国際空港の模型などが展示されている。また、ジャンボ機の愛称で親しまれたボーイング747-400の大型模型のコックピットに乗り込んで模型を操縦することもできる。飛行機好きにはたまらない展示物が満載だ。

4階には、成田国際空港が一望できる展望レストラン、5階は展望室で、係員の飛行機の解説を聞きながら離着陸する飛行機を見ることが出来る。実際に使われていた空港管制機材も展示されている。屋外には、東峰神社から遷座してきた航空神社もある。開館時間10時～17時(8月は9時から開館)、月曜休館(祝日の場合は翌日、8月は無休)。

緑化整備の一環として作られた水辺の里は、たくさんの緑におおわれている。

成田空港からほど近い芝山水辺の里。公園内からは離着陸する飛行機を見ることができる。

119-2

航空科学館の向かいにある

芝山水辺の里

所在地 山武郡芝山町岩山98

アクセス 芝山千代田駅から徒歩30分（自転車の無料貸し出しサービスあり）、ＪＲ成田線・京成電鉄成田空港駅からバスで「航空科学館」下車。

空港周辺の緑化整備の一環として空港の南側に誕生した緑豊かなスポット。航空科学館の向かいに位置する。滑走路南側は湿地が広がっており、園内にはたくさんの種類の花や木、水生植物などが植えられている。遊歩道も完備されて、自然観察や昆虫観察、散策などにも好適。空港が近いため、上空には様々な種類の飛行機も見られ、乗り物好きの子どもたちに人気の施設だ。

千葉都市モノレール

千葉公園

所 千葉市中央区弁天3丁目464-1

開 平成3（1991）年6月12日

乗 867人

6月中旬のハス池には約2000年前の大賀ハスが開花し、多くの人々が訪れる。

約6メートル地下から出土した古代植物・大賀ハスを眺める千葉公園の遊歩道。

120-1

世界最古の花「大賀ハス」が咲く

千葉公園

所在地 千葉市中央区弁天3丁目・4丁目

アクセス 千葉公園駅からすぐ

千葉公園は、戦後の復興計画に基づいて整備された、千葉市初の総合公園だ。この公園を有名にしたのは、夏に咲く「大賀ハス」。大賀ハスは千葉市の検見川(現・花見川区朝日ヶ丘)にある東京大学検見川厚生農場(現・東京大学検見川総合運動場)の落合遺跡で発掘されたもので、発見・発芽させた大賀一郎博士の名前から「大賀ハス」と名付けられた。「世界最古の花」と海外にも広く知れ渡り、公園内には英文と邦文で刻まれた「大賀ハス発掘記念碑」が建てられている。市民によるハス見の会も催されている。

広大な敷地には、プール・野球場・ボートなど様々な施設があり、JR千葉駅から歩いても10分という市街地にあるので、〝千葉のセントラルパーク〟と呼ばれて親しまれている。大賀ハスの咲くハス池のほか、菖蒲園やボタン・シャクヤク園、梅や桜に藤・モミジなど、多くの花木が植えられ、まさに〝都会のオアシス〟。水鳥群れる綿打池では3月から11月までボート遊びもできる。

のどにある大きな袋が特徴のフクロテナガザル。千葉市動物公園で飼育されている。

千葉市動物公園といえば、やはり人気はレッサーパンダの風太くんだ。

動物公園

所 千葉市若葉区源町407-7
開 昭和63（1988）年3月28日
乗 736人

121-1

レッサーパンダ風太君で有名に
千葉市動物公園

所在地 千葉市若葉区源町280
アクセス 動物公園駅下車すぐ

2本の後ろ脚ですっくと立つ愛らしい姿で人気ものになった「風太くん」、最近は、県内唯一、ライオンがいることでも話題になった動物公園。2018年に15歳の誕生日を迎える風太は、人間で言えば60～70歳だが、飼育員がリンゴを差し出すと、のっそりと立ち上がる。往年ほどではないが、やはり人気は健在だ。2015年に死んだ妻チィチィとの間に5男3女を育て、孫、ひ孫、やしゃごまでファミリーは40頭以上になった。家族は繁殖のため全国各地の動物園などにも移され、四男コウタは南米チリに渡る。

園内は、モンキーゾーン、小動物ゾーン、家畜の原種ゾーン、鳥類・水系ゾーン、草原ゾーン、子ども動物園、動物科学館の7つに分かれ、中央広場を中心として各エリアが放射状に隣接している。飼育担当者が普段

大きな敷地を有する千葉ポートパーク。砂浜やバーベキュー場など、アウトドアを満喫できる。

は聞けないような動物のお話をしてくれる楽しいイベントもある。乗馬体験やアルパカ、モルモットと触れ合えたり、手ぶらでバーベキューも好評。オリジナルのレッサーパンダラーメンのお土産が人気。

千葉みなと

所 千葉市中央区中央港1-17-12
開 平成7（1995）年8月1日
乗 7774人

122-1

千葉港発祥の地に立地
千葉ポートパーク

所在地 千葉市中央区中央港1丁目
アクセス 千葉みなと駅から徒歩10分

千葉ポートパークは、昭和58（1983）年9月に千葉県の人口が500万人を突破したことを記念し、千葉県民の日である昭和61（1986）年にオープンした。この地は、千葉港発祥の地でもある。広大な敷地（28・3ヘクタール）には、千葉ポートタワーをはじめ、ウォータープラザなどが整備され、野外コンサートも可能なステージを備えた芝生広場やテニスコートがあり、人工海浜ではウィンドサーフィンや日光浴を楽しめる。

ツリーの形にライトアップされたポートタワー。クリスマスだけのお楽しみだ。

ポートパークの中にあるポートタワー。高さは125メートルで、東京湾が一望できる。

四季折々に変化する数多くの樹木が植えられており、桜が満開になる春には花見客で賑わう。刻々と移り変わる港の風景や夕陽が美しく、散策やジョギングを楽しむ人々の姿も多く見られる。さまざまなイベントや市民の憩いの場として広く活用されている。

122-2

千葉ポートタワー

クリスマスイルミネーションが人気

所在地▶千葉市中央区中央港1丁目
アクセス▶千葉みなと駅から徒歩10分

千葉ポートパークの一角に、千葉港のシンボルとして建てられた。全長が約125メートルのタワーで、ハーフミラーを使ったシャープなデザインが特徴になっている。建物は、低層棟と塔(2～4階)で構成されており、1階には海洋展示室や千葉にちなんだお土産品やグッズを販売する観光物産館がある。シースルーのエレベーターを一気に100メートル昇ると3層の展望台があり、3階にあるカフェレストラン「ラ・プラージュ」でくつろぎながら千葉港をはじめとするすばらしい眺望が楽しめる。11月末からタワー壁面の全体がクリスマスツリーのようにライトアップされて人気を呼んでいる。開館は6月から9月までが9時～21

子育て支援、生活・産業の情報発信の拠点として作られた官民複合施設「きぼーる」。

葭川が流れる葭川公園の真上に位置する千葉都市モノレール1号線の駅。

時（入館は20時30分まで）、10月から5月までが9時～19時（入館は18時30分まで）、大人420円 年末年始休館。

葭川公園

よしかわこうえん

所 千葉市中央区中央2-1
開 平成11（1999）年3月24日
乗 934人

123-1

楽しく学べる参加体験型科学館

千葉市科学館

所在地 千葉市中央区中央4-5-1 きぼーる7F
アクセス 葭川公園駅から徒歩5分

幼児から大人まで、わかりやすく学び、楽しくふれる参加体験型の科学館。館内は、視覚・音・光・数など日常での不思議を科学的に楽しく学べる「ワンダーランド」、身近な機械や製品に隠された技術と原理を解説している「テクノタウン」、地球や宇宙、自然、生命の不思議を体験実感できる「ジオタウン」などで構成されている。また1000万個を超えるリアルな星空を演出している最新式大型プラネタリウムもあり、リアルな星空と迫力ある映像が楽しめる。開館は9時～19時（入館は18時30分まで）。毎月最終月曜日休館、大人510円

縄文中期の北貝塚の貝層断面には、ハマグリやイボキサゴが多いことがわかる。

加曽利貝塚公園入口。北貝塚と南貝塚はつながっており、8の字になっている。

124-1

桜木

所 千葉市若葉区桜木7-20-1
開 昭和63（1988）年3月28日
乗 1786人

総面積は13万4500平方メートル 世界でも最大級の「加曽利貝塚」

所在地 千葉市若葉区桜木
アクセス 千葉駅東口からバスで「桜木町」下車、徒歩15分
千葉モノレール「桜木駅」から徒歩15分

日本全国には縄文時代の貝塚が2400か所以上あり、そのうちの約5分の1が千葉県で発見され、千葉市内には120か所が集中している。中でも有名なのが加曽利貝塚だ。千葉市内を東西に流れる都川の支流である坂月川を北に遡った台地の東辺に広がり、ドーナツ型の北貝塚と馬蹄形の南貝塚が眼鏡状に接し、全国でも珍しい8字形をした貝塚だ。その総面積は13万4500平方メートルにも及び、世界でも最大級、もちろん日本一大きな貝塚として国指定の史跡になっている。5000年前から3000年前のものという貝塚のまわりには、当時の人々が暮らしたムラの跡が広がっており、縄文時代の人々の生活ぶりを知るための貴重な品々が発見されている。大正13（1924）年、東京大学人類学教室の発掘調査により、上層から加曽利B式、下層から加曽利E式という土器のタ

内部の広さは直径4〜6メートル。地面に柱を数本立てて屋根を付けた簡素な造りだ。

野外に復元された竪穴式住居。加曽利貝塚の周辺から120軒見つかっている。

イプが発見され、それらが縄文中期、後期の年代基準として使われるようになった。当時の人々は獣肉や木の実、果実を食料としていたと見られ、やがて台地下の川を丸木舟で下り、次第に海辺に出て貝を採取するようになったとも推察されている。この野の幸、海の幸を採って暮らしていた縄文人の集落の跡に、昭和41（1966）年、千葉市が貝塚博物館を創設した。博物館では、北と南の貝塚の両方に、貝塚の断面が見られる施設を造り、北貝塚では縦穴式住居が観覧できる建物もある。また、野外は縄文時代のムラや自然環境が分かる公園で、散策も楽しめる。

成田スカイアクセス線

印旛日本医大

所 印西市若萩1-1

開 平成12（2000）年7月22日

乗 5367人

125-1

松虫姫伝説が残る

松虫寺

所在地 印西市松虫7

アクセス 印旛日本医大駅から徒歩15分

松虫寺は聖武天皇の第三皇女・松虫姫にゆかりがある伝説が残されている。

745年に建立されたという歴史ある古刹・松虫寺。境内は緑が多く、落ち着いた雰囲気。

印西市松虫にある松虫寺は、天平17（745）年に建立された真言宗豊山派の寺院で、本尊には七仏薬師瑠璃光如来を祀っている。この薬師如来は、昭和34（1959）年に国重要文化財に指定された。

言い伝えによると、天平の頃、聖武天皇の第3皇女松虫姫が病にかかり、長く臥せる日々が続いた。そんなある夜、下総萩原の薬師如来が姫の夢枕に立ち、「東国に下向して祈れば難病も癒ろう」と告げた。そこで姫は牛の背に乗せられ下総の印旛の地に向かう。そして萩原に草案を結び、一心不乱に祈りをささげ、ついにその病に打ち勝つ。喜んだ聖武天皇は、僧・行基に命じ形像6躯を造らせて七仏薬師を刻ませ、また都の工匠たちをこの地に遣わし、薬師如来をまつる寺を建立。寺は松虫姫寺と呼ばれ、地名も松虫となったという。

また、寺には、姫が持っていた杖が根付いたという「御杖の銀杏」や、都で亡くなった時に分骨して埋葬したと言われる「松虫姫御廟」など、多くの松虫姫伝説の跡が残されている。近くには松虫姫公園も存在し、園内には姫を乗せて来た牛にちなむ伝説から「牛むぐり池」と呼ばれる池がある。

成田空港から発着するエアバスA380。世界最初の総二階建て構造の飛行機だ。

3つのターミナルを持つ大きな国際空港である成田空港。まさに日本の玄関口だ。

成田空港

所 成田市三里塚御料牧場1-1
開 平成3（1991）年3月19日
乗 2万4837人

126-1

成田国際空港

日本の玄関口

所在地 成田市古込1-1
アクセス 成田空港駅からすぐ

昭和53（1978）年5月に開港した成田国際空港は、日本の玄関口と呼ばれ、首都圏における国際線基幹空港であり、千葉県はもとより、首都圏および日本における経済発展の核となる国際的な戦略拠点になっている。

しかし、日本を代表するハブ空港の一つでありながら、開港時の問題により開港から40年が経過した平成30（2018）年現在も、建設計画自体が完了していない。拡張工事も進まず、騒音問題から23時～6時（JST）の離着陸禁止や、東京都区部からのアクセス時間の長さ、国内線乗り入れ便数の極端な少なさなどの諸問題も山積している。

これらにより、東京国際空港（羽田）の再拡張や再国際化や24時間運用のほうが先に進められたが、成田空港も京成成田空港線の開業によるアクセス向上や、発着枠の拡大、23時～24時の例外的離着陸容認などで競争力を高めている。

　空港内の施設も、約80万平方メートルに約250店舗の飲食店や物販店があり、有名ブランドのブティックや多彩な品揃の免税店やバラエティ豊かなショップ巡りは、「ナリタ買い」と呼ばれ、空港へ行く楽しみの一つになっている。季節ごとのセールには都心からも多くの人が訪れるなど、ショッピングスポットとしての人気を高めている。また、航空機の離着陸が眺められる展望デッキからは、4000メートルあるA滑走の全体が見渡せ、迫力ある離着陸シーンを楽しむことができる。

弘法大師が建立した密厳堂を模して造られた東福寺の八角円堂。

成田空港の出国ターミナルにある掲示板。数多くの飛行機が飛び立っているのがわかる。

つくばエクスプレス

南流山

127-1

「鰭《ひれ》ヶ崎」の地名由来も伝わる古刹

守龍山「東福寺」

所在地 流山市鰭ヶ崎1303
アクセス 南流山駅から徒歩10分

東福寺の本堂。古い歴史を持つだけに、流山市指定の文化財が点在している。

東福寺に行くには、急勾配の階段を50段以上も登ることになる。

弘仁5（814）年、弘法大師により開山したと伝わる東福寺は、真言宗の寺院で山号は守龍山。本尊は「薬師瑠璃光如来」だ。

弘法大師がこの地に来たおり、五色池に住んでいた龍王が老人に化け、大師に仏像を彫り、伽藍を営むことを請う。快諾した大師が、御衣木（みそぎ）が見つからないので困っている時、当時まだ海だった麓から突然海龍が現れ、竜宮の霊仏を大師に捧げる。大師はこれを用いて薬師瑠璃光如来を刻み、本尊としたという。そして海龍が背ビレの先を少し残していったので、この地を「ひれのさき→鰭ヶ崎」と呼ぶようになった、という地名の由来も残されている。

境内には、両側に金剛力士像を安置する高さ2・7メートルの仁王門（流山市指定有形文化財）がある。また中門の鴨の彫刻は、民話にもなっている左甚五郎作の彫りものだ。このほか、保存樹木の大イチョウも見どころ。弘法大師巡拝場准四国八八ヶ所などもあり、春は桜の名所として賑わう。

流山おおたかの森

所 流山市西初石6-182-3
開 平成17（2005）年8月24日
乗 3万6491人

絶滅危惧種であるオオタカが生息している市野谷の森。一帯は自然の地形が生かされている。

25ヘクタールもの雑木林を有する市野谷の森。開発により約半分の面積に減少した。

128-1

駅名の由来になった
市野谷の森

所在地 千葉県流山市市野谷
アクセス 流山おおたかの森から徒歩10分

東武野田線との乗換駅でもある流山おおたかの森駅は、つくばエクスプレスの快速で秋葉原駅から直通24分で着く。路線図を見ると、この路線で最も停車駅の少ない快速が停まるほか、区間快速、普通とすべての電車が停まる主要駅だ。子育て世代が多い流山市の革新的な地域で、駅を中心に多目的ホールやホテルなどを含む複合施設や大型マンションなどが続々と建てられている。駅名に含まれる「おおたかの森」は、駅から西方にある「市野谷の森」に絶滅危惧種であるオオタカが生息していることが由来。かつては50ヘクタールの森林であったが、現在は沿線開発により約半分の面積に減少している。地元住民や自然保護団体は、市野谷の森を通る区間は地下方式で建設することを求めていが、結果として高架となってしまった。しかし、地域住民にとって貴重な森林であることには変わりなく、一帯は、自然の地形と鳥類などの生態系を守る、日本初の都市保全林「県立市野谷の森公園」として整備される予定。周辺地域には、ふるさとの森や成顕寺の森などの森林もある。

柏の葉公園の日本庭園。水上には東屋があり、春は桜を眺めながら休憩ができる。

春と秋には見事なバラが咲き誇る、柏の葉公園のばら園。毎年たくさんの人が訪れる。

柏の葉キャンパス

所 柏市若柴174
開 平成17(2005)年8月24日
乗 1万6431人

129-1

千葉県立柏の葉公園

散策もスポーツも楽しめる憩いのスポット

所在地 柏市柏の葉4-1
アクセス 柏の葉キャンパス駅から徒歩20分

「柏の葉キャンパス」という駅名通り、周辺には東京大学柏キャンパスや千葉大学柏の葉キャンパスなど、時代をリードする研究・教育施設が集まっている。また、緑園都市構想の計画も進行中で、先行して整備されたのが、「千葉県立柏の葉公園」だ。

45ヘクタールの園内には、「緑の文化ゾーン」として日本庭園や季節の花が咲き誇る四季の広場、71種類・約1700株のバラが観賞できるバラ園がある。また、緑に関する資料の閲覧や緑の相談ができる公園センター、ボート池や冒険のトリデ、レストハウス、ロックガーデン、文化サークル活動にも利用できるコミュニティ体育館なども揃う。さらに、陸上競技やサッカーもできる総合競技場、庭球場、硬式野球にも対応する野球場が整備されている。散策も十分楽しめる憩いのスポットである。

【著者プロフィール】

山下ルミコ（やました るみこ）

郷土史研究家。産経新聞社・サンケイリビング新聞社等の記事執筆を長年にわたり続ける。著書に『東京今昔散歩』（JTB パブリッシング）、『武蔵野線 街と駅の半世紀』（アルファベータブック ス）、『東武伊勢崎線・日光線街と駅の１世紀』（彩流社）、『足立区大人の歴史さんぽ旅』（リブロアルテ）、『東武東上線ぶらり途中下車』（小社）ほか多数。

【写真提供】

千葉県、千葉県立中央博物館大利根分館、千葉県立関宿城博物館、市川市、市川市立歴史博物館、浦安市、柏市、勝浦市、鴨川市、木更津市、君津市、佐倉市、山武市、山武市歴史民俗資料館、匝瑳市、館山市、館山市立博物館、千葉市、銚子市、東金市、富里市、富里市教育委員会、流山市、流山市立博物館、成田市教育委員会、旭市、富津市、四街道市、松戸市、南房総市、八千代市、習志野商工会議所、農畜産業振興機構、芝山鉄道、笠森観音堂、亀田酒造、関東天然瓦斯開発、千葉伝統郷土料理研究会、成田山新勝寺、ヒゲタ醤油、ヤマサ醤油、明角和人、森脇菜採（敬称略）

【写真撮影】

斎藤岳敬、斎藤智子、高野浩一

【執筆協力】

コジマ アイ（２章の写真解説）

千葉の鉄道 ぶらり途中下車

2018 年 11 月 5 日　第 1 刷発行

著　者……………………山下ルミコ
発行人……………………高山和彦
発行所……………………株式会社フォト・パブリッシング
〒 161-0032　東京都新宿区中落合 2-12-26
TEL.03-5988-8951 FAX.03-5988-8958
発売元……………………株式会社メディアパル
〒 162-0813　東京都新宿区東五軒町 6-21（トーハン別館 3 階）
TEL.03-5261-1171 FAX.03-3235-4645
デザイン・DTP ………柏倉栄治（装丁・本文とも）
印刷所……………………株式会社シナノパブリッシング

ISBN978-4-8021-3127-8 C0026